片づく！ 見つかる！ スピーディー！

［完全版］

超ファイルの技術

医学博士
刑部恒男
Osakabe Tsuneo

すばる舎

できる人は「ファイリング」もうまい！……………まえがきに代えて

■「コクヨ」との出会いが、ファイリング法バージョンアップのヒントに！

私は2005年に、同じすばる舎から『ファイルの技術』という、この本の前身にあたる本を書いた。「WI（ダブルインデックス）ファイル」という、長年の試行錯誤の末に私が考案したファイルシステムを紹介し、ファイリングの重要性を説明した。

ロングセラーになって、読者の方からお便りもいただいた。そんなとき、**文具大手のコクヨ本社から、WIファイルについての〝打診〟があった。**

大企業の書類保管システムでは大きな棚にコクヨの美しいファイルが並び、とても立派である。なのに、ビジネスマンの机の上は書類の山が積まれたままだ。コクヨはこの机周りのファイリングシステムの改善を考え、近々リリースされる同社のファイルと、私のＷＩファイルの〝共通点〟に興味を持ったのかもしれない。

もともとコクヨの新製品は、ＷＩファイル専用ではない。さまざまに活用できる汎用性の高いものだ。しかし話を聞くと、ＷＩファイルに最適な商品であることもわかってきた。私は、コクヨ製品にＷＩファイルの機能を盛り込むことを提案し、大筋で合意を見た。

最初の出版から10年過ぎていることもあり、本書も大幅に加筆訂正した。コクヨ製品を有効に活用する方法も考え、そのアイデアも盛り込んだのが本書である。

いわば「完全版」と思っている。

コクヨから発売されるのは私が愛用してきた「紙袋」ではなく、ポリプロピレン製である。商品名も「ＷＩファイル」ではない。しかし私の考案したＷＩファイルにも、最適のツールだと思う。そのことを踏まえた上で、私がこれまで愛用してきたＷＩファイルの考えやシステムについて説明しよう。

■要するに「WIファイル」とは、どういうものか？

オフィスの机の上は、その人の考えや性格も反映される。

「うわー、君の机の上は、ますますグチャグチャになっているじゃないか」

「なに言っているんだ。俺にとっては、それなりにまとめて置いてあるんだからさ」

「だけど、それじゃあ探しものが多くなるだろう」

――こんな会話は、よくある。たしかに、見た目は乱雑でも、本人にとっては整理されているのかもしれない。しかし、**通常の仕事は「チーム」で進める。一人だけぐちゃぐちゃの机では、周囲のモチベーションも下がるし、印象もよくない。**

そこでWIファイルの登場となるわけだが、もう少しオフィスの会話を聞いてみよう。

「君の言う〝まとまり〟ごとに、この〝魔法の袋〟に入れてごらん」

「魔法の袋って、何だい？」

「事務用の大型封筒（角形2号封筒）に、資料を〝仕事単位〟に放り込む。そしてタイトルを封筒表面の端に書き、机の上のブックエンドや本立てに、立てて並べる」

「じゃあ一番上に積んであるA会社のB企画はこの封筒にまとめて入れて、タイトルは『A会社　B企画』。次のF商事のG新製品はこの袋に入れて、『F商事　G新製品』と書いておこう。その下のW工業の資料は……おお！　スッキリした。思ったより簡単だし、片づける時間もほとんどかからない。〝仕事単位〟でまとめると、すぐに思い出すから見つけやすいし、立てて並べるほうが簡単に探せる」

これは、**野口式「押出しファイリング」（「超」整理法）**とも言う。必要な書類の入った袋を取り出し、終わったら左端に入れる。すると、あまり使わない資料は右端から押し出される。これを不要と判断したら、そのままゴミ箱へ捨てればいい。

今後必要になるものは、大量に保管できる本棚かキャビネットへ移動する。しかし本棚に保存した**ファイルが大量になってくると、この時間順に並べる野口式「押出しファイリング」だけでは目的のファイルがなかなか見つからなくなる。**

ふだんあまり使わないから保管していても、顧客から電話があったときには、すぐ見つけ出さなければならない。しかし大量のファイルを時間順に探していたら、すぐ出てこない。対応の不手際で会社の信用までなくしてしまう。

保管するときは50音順のほうが探しやすいのである。

この50音順の整理法が「山根式袋ファイル」である。

つまり**日常的に使う資料は机の上で野口式「押出しファイリング」**、**本棚などに保管するときには「山根式袋ファイル」がいい**、ということになる。山根式だと、袋ファイルがどんなに増えても、アイウエオ順に並べて辞書を引くように資料がすぐ見つけられる。

机の上の少ないファイルなら野口式「押出し式ファイリング」で超簡単に整理して、本棚に移動した大量の保存版ファイルは山根式「50音順」で整理すれば検索スピードは抜群である。野口式と山根式の〝ダブル整理法〟だ。

いずれのやり方も、使い古しの封筒でもかまわない。

しかし、やはり**ファイリングは美的なものも大事になるから、同じ封筒あるいはコクヨ製ファイルを買ってきて統一したほうがベター**、ということになる。

コクヨ製はポリプロピレン製の半透明だが、私はこれまで厚手の紙の封筒をデザインして大量発注してきた。コクヨ製品に統一するのが見た目にもきれいだろうが、コストなどとの兼ね合いで、角形2号封筒なども併用していいだろう。

本書でご紹介するのは、野口式と山根式をドッキングさせた、私なりのファイリングの方法である。ポイントはインデックス（見出し）が2つあることだが、使い方や特徴は本文を読んでいただきたい。

■野口式＋山根式、さらにプラスアルファが「ダブルインデックス」だ

野口式も山根式もすぐれたファイリングシステムだが、それぞれ問題がある。

野口式は時系列でファイルしていく考えだから、机の上では最適だが、保管するときには困ってしまう。一方、**山根式50音順では、関連するファイルをまとめて置いておけない**のである。たとえば「イタリア」「フランス」「ドイツ」のファイルは、できれば「ヨーロッパ関連」でまとめて近い場所に置きたい。しかし山根式だとバラバラになってしまう。

それなら、キャビネットの整理は図書館のように「系統別」分類にすればいいじゃないか、と思える。関連したファイルが隣に並んでいるから、たくさんの関連ファイルを一度に探せるし、仕事が終わったら一度に戻せる。

この系統別分類は誰もが最初に試すのだが、分類しにくいファイルが増え、迷子になるファイルで苦労する。そこで、山根式や超整理法が工夫されてきた——という経緯がある。

私も、本書で詳しく書くが、いろいろな方法を試してみた。しかしどうも「帯に短し、たすきに長し」……なのである。

そこで、魔法の袋である「ダブルインデックス封筒ファイル」の登場となる。

この「刑部式WI（ダブルインデックス）ファイル」は、1つのファイルに大項目と小項目の2つの項目名（インデックス=見出し）が書けるようになっている。この2つの「インデックス」の記入を工夫するだけで、**50音順検索でありながら、関連したファイルをグループにまとめておくことも可能になる**のである。

たとえばメインインデックスにグループ名の「ヨーロッパ」、サブインデックスにタイトル名の「イタリア」「フランス」「ドイツ」……とすればいいわけである。

こうすれば、「系統別」のように、関連したファイルが一瞬のうちに揃えられるし、仕事が終わったらまとめて一度に戻せる。それでいてすべてを「50音順」に単純に並べるだけだから、分類不能なファイルに悩むこともなくなる。

スピーディーな検索も可能だ。

それだけではない。**「WIファイリングシステム」には、不要になったファイルを上手に捨てていく〝捨てる技術〟も取り入れられている。**いわゆる「断捨離」の基準は、時間と空間の考え方である。

つまり、ブックエンドで利用しないWIファイルは1年ほどで右端に移動する。このファイルを保存するか捨てるか決めればよい。ブックエンドという〝空間制限と時の流れ〟が、不要なファイルを自動的に処分してくれる。

さて、保管することになったファイルはキャビネットや本棚に移すわけだが、増え続けるファイルで保管スペースは満杯になってくる。しかしこの〝空間〟の制限が捨てる基準を決めてくれる。

ファイルを入れるスペースを空けるためには、キャビネットにある不要なファイルを捨てる。部屋や事務所は、普通は無制限に広くはできないものである。

5～10年経った資料だから必ず要らない資料があるものだ。スペースが空いたらその時点で捨てる作業は中止する。時と空間が、捨てる決心を後押ししてくれるのである。

■上手に使い、すぐ探せるファイリングシステムを！

言うまでもなく、仕事において「ファイリング」はとても重要である。さまざまなプロジェクトをこなしている人などは、関係書類も多く、幅広い。それを、使いやすく、検索しやすくファイリングすることは、仕事の結果にも大きく関わる。

仕事の種類や内容は千差万別である。技術系、研究職系の人のファイリングと、営業関係の人のファイリングは、当然ながら違う。だが共通していることも多い。

必要な資料がすぐに出てきて、しかも分類しやすいということだ。ところがファイリングシステムはどれも一長一短で「これだ！」というものはなかった。私が実行している「ＷＩファイリングシステム」も、もちろん完璧ではないだろう。

しかし、これまでのさまざまなシステムの長所だけを取り入れた、画期的なものだと自負している。このシステムを、読者の皆さんが自分なりにバージョンアップやアレンジしてもらってもいい。むしろそのほうが私としても嬉しい。

しっかりしたファイリングシステムができていると、仕事だけでなく生活もスムーズにいく。たとえば生活していると、役所などから資料や連絡も来る。簡単な連絡はその場で処理して捨てるが、必要なものは保存しておかなければならない。

またプライベートでも、ハガキ、手紙、写真……等々、いろいろあるだろう。

この本ではこうした資料などが、「使う、探す、保管する、捨てる」……という川の流れのようにファイリングされるノウハウを、主にＷＩファイルを中心に詳しく説明した。

ファイルや資料の整理に悩む人、机の上がいつまでも片づかない人は多い。少しでもスムーズで効率的な生活や仕事のために、本書を大いに役立てていただきたい。

２０１７年　６月

刑部恒男

［完全版］

片づく！ 見つかる！ スピーディー！

超ファイルの技術

目次

PART 1

そもそも、なぜファイリングが必要なのだろう

いつも探しモノばかりしていると、仕事も遅くミスも増える。
キッチリしたファイリングシステムがあれば整理もうまくいく。

PART 2

これまでのファイリング方法を押さえておこう

ファイリングにはいろんな方法があるが、どのファイリングシステムも一長一短で満足できなかった。それぞれのファイリングシステムを見てみよう。

PART 3

「魔法の袋」で、一気にファイリングがラクになった！

試行錯誤の末にたどり着いた「W－I（ダブルインデックス）ファイル」は、袋（封筒）ファイリングの究極の形でもある。

PART 4

W-ファイルの基本的な使い方

コクヨの新型ファイルも活用し、自作のW-ファイルと併用することでさらにバージョンアップ！

PART 5

どんなものでもWーファイルで整理できる！

Wーファイルは、「魔法の袋」だ。仕事だけではなく、プライベートでも日常生活でも、いろいろな使い方ができる！

PART 6

整理のための手帳活用術も見ておこう

Wーファイルだけでなく、「整理」のためには手帳は欠かせない。
単に仕事や生活だけでなく、人生設計のための最大のツールである。

DTP・図版作成　ベクトル印刷㈱
図・イラスト原案　木内俊彦
編集協力　ケイ・ワークス（片山一行）
カバーデザイン　藤塚尚子（ISSHIKI）

PART 1

そもそも、なぜファイリングが必要なのだろう

いつも探しモノばかりしていると、
仕事も遅くミスも増える。
キッチリしたファイリングシステムがあれば
整理もうまくいく。

1

「探しモノ」が多い人は、仕事も人生もうまくいかない

❖――必要なモノがすぐに出てくる「しくみ」をつくろう！

たとえば仕事中に、必要な資料が見当たらない。あの資料はこの間の仕事で使ったはずだけど……どこに片づけたかわからず、机の上の資料の山をひっくり返しても見つからない。机の上はさらに乱れ、結局、資料は見つからずストレスと疲れだけが残る。

このように、必要なときに必要なモノが出てこないと、仕事がスムーズに進まないだけでなく、イライラしてミスも起こりかねない。

せっかく乗っていた仕事のペースが、たったひとつの資料探しで中断されてしまうこともある。そこへ突然、得意先から電話が入り先日の案件の返答を迫られる。机の上は先ほどの資料探しで無残な状態だ。一番上に置いていたはずの得意先の案件が行方不明になり、不手

際な対応でせっかくの商談が泡と消えてしまった……。

こんな経験はないだろうか。

❖──探しモノの時間は「無駄な時間」でもある

資料探しのムダ時間を、経費として計算した人がいる。それによると、1000人の社員が毎日10分間書類探しをすると、1年間で1億円の費用がかかるそうだ。わずか10分間でも、1企業でのムダ経費が年間1億円になるのだ。

個人でも同じである。人間に与えられた時間は、1日24時間。この時間でどれだけ「モノ探し」の時間を削れるかが、スムーズな生き方&仕事術のカギになる。

あなたがモノ探しに1日10分以上費やしているようなら、要注意である。

探しモノをしなくてすめば、ムダな経費も出ていかない。スムーズに仕事が運ぶので、仕事が楽しくなるだろう。その結果、気持ちもラクになる。

そのためには、**仕事を進めやすい環境をつくらなければならない。**よく、きれいに片づいているのだが探しモノが多い、という人がいる。これは「片づけ」はできていても「整理」ができていないからだ。

2 仕事しやすい環境とは?

❖「理想的な仕事環境」を考えてみよう

理想的な仕事環境とは、探しモノをしないですむ環境だ。必要な書類や資料がすぐに出てくる。不要な資料は迷わずに処分できる。検索のわずらわしさがなく、整理のためにムダな時間を費やさなくてすむ。机の上はいつもスッキリと片づいている。いま手がけている仕事に関する資料は常に手元にあって、なおかつ複数の仕事を同時に進行しても切り替えがスムーズにできる——。

そんな環境だ。

このような環境をつくるには、資料の整理・分類が効率的にできるファイリング・システムをつくらなければならない。

❖――理想的な仕事環境をつくるための４つの条件

理想的な仕事環境を整えるには、次のような条件が必要だ。

①仕事中に必要な資料がいつも手元にある

現在、進行している仕事の資料はいつも机の上に整然と置いてあるか。仕事先に出かけるときは、その企画に関する資料のすべてをすぐ持ち出せるか。

仕事中は必要な資料がいつも手元にあると便利だし、仕事が効率的だ。

②机の上がスッキリしている

机の上が乱雑になるのは、「頻繁に使うモノは手元に引き寄せる」からである。仕事の速い人は、頻繁に使う書類をキャビネットに保管しないで机の上に置いている。ただ、この方法では、すぐにグチャグチャな机になってしまう。

頻繁に使う資料を、見えないところにしまってはいけない。一見するときれいに片づいているようだが、仕事のスピードは遅くなる。

そこで頻繁に使う資料を机の上に〝立てて〟置くだけで、机の上はかなりスッキリする。

重ねて積み上げると、下に埋もれた資料は次第に忘れ去られていく。

③すぐに見つけられる方法である

机の上にある資料なら3分も探せば見つかるだろうが、すべての資料を机の上には置けない。終わった仕事の資料は、捨てるか別の場所に保管しておく必要がある。ポイントは、保管場所に移動したこれらの資料が、いざ必要になったときに3分以内に出てくるかどうかだ。「探しもの」は整理の敵である。

3分以上かかる場合は、経験上ほとんど30分以上探し回っても出てこない。つまり3分以内に見つけられない資料はゴミなのだ。保管場所に移動したファイルも、机の上の資料と同じように3分以内で検索できるシステムでなければならない。

④資料ファイリングは長続きする簡単な方法である

あらゆる資料を、瞬時に検索できるシステムが理想的である。

しかし、分類検索は時間や手間がかかるのでは意味がない。簡単で手間いらずで、しかも長続きするシステムでなければいけない。また大げさなファイリング用品を揃えたり、分類に時間がかかる方法では長続きしない。ある意味で「アバウトさ」が必要なのだ。

理想的な仕事環境のための4つの条件

①仕事中に必要な資料がいつも手元にある

現在、進行している仕事の資料は常に机の上に整然と置いてある。仕事先に出かけるときは、その企画に関する資料をすぐ持ち出せる。

②机の上がスッキリしている

頻繁に使う資料を机の上に“立てて”置くだけで、机の上はかなりスッキリする。

③すぐに見つけられる方法である

机の上にある資料ならすぐに見つかるだろうが、保管場所に移動した資料が、必要になったときに3分以内に出てくるかどうかが問題だ。

④資料ファイリングは長続きする簡単な方法である

大げさなファイリング用品を揃えたり、分類に時間がかかる方法では長続きしない。「アバウトさ」も必要。

きちんと片づいているだけでなく、すぐに探し出せるシステムであることが大切！

3 「80対20」の法則でファイリングしよう

❖――これは、ビジネス界では欠かせない法則

「80対20の法則」とは、ビジネス界では欠かせない法則である。この法則を知っていると、さまざまな現象が見えてくる。これは、

「結果・生産のうちの80％は、原因・投入のうちの20％に起因する」

という法則だ。具体例で説明しよう。

売上げ製品の80％は、上位20％の売筋製品が占めている。

事業成果の80％は20％のやり手社員がもたらし、業界利益の80％は上位20％の会社が独占している。

野球やサッカーで得点の80％を入れるのは、上位20％の選手である。

学校の試験で80点取るには、講義のなかで最も重要な20％部分をマークして集中的に勉強することだ。「試験で山をかけて当たった」ことがある人は、この「80対20の法則」を知らないうちに使っていたことになる。

❖——「パレートの法則」とも言われる

「80対20の法則」は1896年にイタリアの経済学者・パレートによって発見され、彼の名から「パレートの法則」とも言われている。

彼は19世紀のイギリスの所得と資産の分布を調べたところ、「わずか20％の人たちが、その地域の資産総額の80％を所持している」という事実に気がつく。イギリスの過去のデータを見ても、外国の現在・過去のデータを見ても、この比率が80対20であることを発見したのである。

しかし、残念なことにこの大発見は当時注目されずに終わってしまった。

1951年にアメリカのジョセフ・M・ジュランが、品質管理を追求するのに「80対20の法則」を紹介した。欠陥品の分布にも「パレートの法則」が働き、欠陥品全体の80％はわずか20％の製品が起こしていること。そしてこの20％を集中的に管理することで、品質改善ができると示したのである。彼はこの「パレートの法則」で品質管理（クオリティ・コントロール＝QC）の神様として有名になった。

❖――本当に有用な情報は全体の20％！

ファイリングでも、この80対20の法則は応用できる。

ファイリングの大きな目的は、知的生産性を高めるためである。そこで、多くのムダな情報に振り回されずに生産性の高い有益な情報だけを手元に置いておくのが、ファイリングのコツだ。

その重要な羅針盤になるのがこの「80対20の法則」なのである。

つまり、集めた情報の20％が自分の知的生産の80％に寄与する――ということだ。

まず、最初に情報を入手した時点で、自分にとっては最も有用な20％を選び出す。残りの80％は、あまり重要ではない情報だ。場合によっては思い切って捨ててもいいだろう。**この「80対20の法則」を絶えず念頭に置いておくことが、情報洪水に振り回されない重要なポイントでもある。**

次に、こうして得られた有益なファイルは、身近な場所に置いておく。ところが、すでに使われていない80％の資料も一緒にファイリングされているのが問題なのである。**机の上の不要な80％の資料を、自動的に排除するシステムを考えておきたい。**

それには、机の上の不要になった80％のファイルは捨てて、重要な20％を保存版ファイルとして最終段階のキャビネットへ移すシステムを確立しなければならない。

本当に有用な情報は全体の20％

集めた情報の20%が、自分の知的生産の80%に寄与する
情報を入手した時点で、「自分にとって有用な20%」を選び出し、残り80%は捨てる！

この「80対20の法則」を常に念頭に置いておくことが大切！

4
必要なものは何かを、キーワードで考える

❖――キーワードのアンテナに引っ掛かったものを重視する

コレクションには、絵画、骨董品などの芸術品から、切手、玩具などの趣味一般まで人さまざまである。たとえばブリキの玩具などのお宝モノは、興味のある人にとっては何万円もの価値があるが、人によってはゴミ同然だ。

そのモノを収集するかを決めているのは、そのモノへの「関心度」なのである。

そこで、**自分にとって重要な情報を効率よく集めるには、普段から自分が何に関心を持っているかを自覚しておく**とよい。

それには仕事、趣味、教養、政治経済のそれぞれの分野で、関心のあるキーワードを意識する。**気になったキーワードを、手帳にリストアップするのもいい**だろう。

たとえば、「仕事術」に関するキーワードなら、整理、ファイリング、メモ、手帳、デジタル、アナログ、時間、スピード、ビジネス、ダンドリ、捨てる、超、図、右脳、技術、知的生産、自己啓発、成功、勉強……などだ。

キーワードを意識していると、そのキーワードに関係することが次々と飛び込んでくる。**キーワードは、情報をキャッチするアンテナだ。**多くの情報の中から、大切な20％をキャッチするには、キーワードを持つかどうかにかかっている。

❖——捨てるときも、キーワードのフィルター機能が有効！

キーワードは、不要なモノを捨て、必要なモノだけを抽出する力がある。つまりキーワードはアンテナ機能だけでなく、フィルター機能を兼ねているのだ。

情報整理において「捨てる技術」はある意味で最も大切になる。情報を入手する最初の時点でフィルターをかけ、不要な情報を入れない。そのうちに必要になるかもしれないと、中途半端に何でも集めていたら、ゴミ情報の山に埋もれてしまう。

そのためには自分にとって大切なモノは何か、普段から考えるクセをつけ、キーワードを厳選しておこう。これで、入手した情報の中から80％の不要な情報も捨てられる。

5 いつも「優先順位」を考えておこう

❖──何をするにも優先順位が大切になる

私は以前、大学病院に勤務していた。そこはまさに「救命病棟24時」の世界だった。早朝5時に家を出て、大学病院から帰るのが真夜中。体がいくつあっても足りない多忙な毎日だった。

医療現場では、一瞬の判断と決断が迫られる。しかも救急治療では、治療の優先順位そのものが患者さんの生死を分ける。

救命救急では「ＡＢＣ」処置が最も重要である。「Ａ」は「Airway（気道確保）」、「Ｂ」は「Breathing（換気確保）」で、「Ｃ」は「Circulation（循環確保）」だ。

救命救急において、この「ＡＢＣ」救急処置は、どんな処置よりも最優先される。しかもこの処置そのものにも優先順位があり、逆の「CBA」順番では効果が出ない。

たとえば気道内が吐物で詰まり気道確保（A）されていない状態では、いくら心臓マッサージで循環確保（C）をしても、酸素不足の血液が循環するだけで救命できない。

また、交通外傷などの多発損傷では、手術の優先順位が大切になる。頭蓋内、胸腔内、腹腔内の内臓損傷のなかで、致命的な損傷を見極めて、手術の優先順位を決めていく。

医療現場では、優先順位そのものが人の生と死を分ける。私たち医者は常にこの「優先順位」を念頭に置いているのだ。

同じように、一般的な仕事術においても「優先順位」が大切だと思う。

❖——優先順位をつけるときの基本的な考え

仕事術で最も大切なのは「優先順位」である。

ところが、いつも突然に入った急用の仕事で振り回されていないだろうか。

ついつい、緊急度が高いという理由だけで、突然に入ってきた仕事を最優先にしてしまう。

ここに大きな落とし穴がある。

なぜなら、「80対20の法則」からわかるように、20％の重要な仕事が80％の有益な効果につながり、80%の雑務は20%の効果しかないからだ。これでは、1日の仕事が終わったら、大切な仕事が手つかずのままに残ってしまう。**緊急度が低くても重要な仕事は最優先にする必要がある。**

そこで、まず手がけている仕事のリストをメモに書き出し、優先順位のA、B、Cランクの印を付けよう。Aは最も重要な仕事、Bは重要な仕事、Cはあまり重要でない仕事である。そして、締め切り期限を記入しておく。

緊急度の印はあえて付けない。締め切り期限だけ明確に記入しておけば、問題ない。ほとんどの人は、仕事を締め切り日に間に合わせる習慣が染みこんでいるからだ。下手に「緊急!」などと付けると逆にプレッシャーになってしまう。

要は緊急度に振り回されないで、重要な仕事を最優先にすることである。

毎日、いろいろな仕事がある。

その中から、本当に今すぐしなければならない仕事か、検討しよう。人に任せられる仕事なら、振り分ける。後でできることは予定表に記入して、重要な仕事に専念する。重要な20%の仕事に集中し、残った時間で雑務の80%を片づけていくのである。

「やること」に優先順位を付ける

A	すばる舎MさんにTEL	8/1中に
B	企画会議（8/5）資料作成	8/2
B	凸凹社Yさんにお礼のハガキ	8/3
A	○○プロジェクトの件で ××に依頼	8/1 午前中に
C	7月会議資料整理	8/8

A ＝　最も重要な仕事
B ＝　重要な仕事
C ＝　あまり重要でない仕事

緊急度の印は付けない。締め切り期限のみを記入しておけばいい

6「ファイリング」は、いつやればいいか？

基本は「今すぐやる」

これまで、「優先順位」の仕事術について説明したが、これも〝万能〟ではない。

優先順位で仕事をしていくと、上位20％はその日のうちに終わっているが、最下位の20％は、今日も手つかずのまま残されてしまうものである。

とくに、資料の整理やファイリングはいつも後回しになっていないだろうか。いつかやろうと気になっているが、雑用に追われて手つかずのままではないだろうか。

そこで基本は、「今すぐやる」ことである。**気がついたとき、気になったときが「やるとき」だ**。また、情報が入ってきたとき（資料をもらったり手紙を受け取ったり……）、これを「ペンディング」にしておく方法もあるが、入ったらすぐ分類・ファイリングを心がけるようにしたほうがいい。

「優先順位」は大切だが、それを念頭に置いた上で、「今すぐやる」ことは、整理の基本でもある。いつも重要な仕事を最優先しながら、気がついたことはできるだけその場ですぐやるクセをつけよう。ファイリングは、資料を入手した時点でやるのが原則と言える。

❖――今が無理なら「後ですぐやる」

「今すぐやるのが大切だといっても、今の仕事を放り出して、別のことを始めたら何もかも中途半端になってしまうじゃないか」

それも、もっともな話である。何か気になるたびに、別のことを始めていたら本当に中途半端な仕事になってしまう。

そこで、今すぐできない状況なら「後ですぐやる」ことにする。

ただし、今の仕事が一段落したらすぐやる。**今すぐできないことは、必ずメモしておこう。手帳でもよいし、ポスト・イットでもかまわない。**

「そんなメモならいつもやっている。パソコン画面はポスト・イットだらけだよ」

そう言う人もいるかもしれない。でも、必要のなくなったものも貼ってないだろうか。終わったメモやポスト・イットはすぐに捨ててしまおう。

そして**机の上の決まった場所にメモ帳を置く。そこに、「この仕事が終わったら、後でできるだけ早くやること」をすぐにメモできる環境にしておくといい。**こういう工夫も非常に大切になってくる。

要するに「後ですぐやる」とは、優先順位が低くて、いつまでもくすぶっていたことを、メモで明確にして、仕事の合間を見つけてすぐ処理することなのである。

❖──「ついでにやる」習慣をつける

「今すぐやる」「後ですぐやる」を紹介したが、もうひとつ大切なポイントがある。それは「ついでにやる」である。

「ついでにやる」には、「内容的」「場所的」「時間的」の3つの要素を考える。

内容的に同じ作業は、ついでにやってしまう。パソコンを立ち上げて、電子メールをチェックしたら、その場ですぐ返事を書く。ついでに、書きかけの仕事文書も書く。

新しい資料を入手したのでファイリングを始めたら、机に積み上がったままの未整理の資料もついでにファイリングしてしまおう。

場所的にも、同じようなことは一緒にしてしまう。

出かけるときは、同じ方面でついでにできることがあるかどうか考える習慣をつける。事務用品を買いに行くときなどは、通り道に郵便局があったら寄って手紙の投函と、振り込み手続きも一緒にすませる。

何度も同じ方角へ足を運ぶのは、時間の無駄だ。できるだけ効率を考えたい。

そして、時間的に他の作業と併行してやったほうがよい場合がある。とくにファイリングは、本来の仕事をしながら「ついでにやる」ことが大切だ。

1日の中でファイリング作業だけをする余裕はあまりない。先ほども書いたように、資料を入手したときについでにファイリングをしてしまう。仕事がひと区切りしたときも、ファイリングのときである。

ファイリングは、仕事の流れのなかで「ついでにやる」作業だ。だから、ファイリングはついでにできるシステムでなければ機能しないのである。

7 捨てる技術には「捨てる基準」が必要だ！

❖――必要なモノ、不必要なモノを分けるのは〝関心度〟

捨てようと思っても、「いつか必要になるかもしれない」という不安がある。だから、ファイリングでは、集めるよりも捨てることのほうがむずかしい。

では、捨てる基準はどうしたらいいのだろう。

基準は「関心度」と「時空」である。順番に説明してみる。

「捨てる技術」での基本は、まず必要なモノと不必要なモノとを区別することである。ではそもそも、必要なモノとはどんなものだろうか。

「必要なものは何かを、キーワードで考える」で話したように（⬇P36）、ある人にとっては必要なモノでも、他の人にとってはゴミ同然である場合が多いものだ。つまり、そのモノに対してどの程度の関心があるかで必要性が決まる、ということになる。

つまり**必要性は、「関心度」で決まる**のである。

もちろん人の「関心度」は、変化していく。しかし、いつまでも「関心度」が高ければ、たとえそれが時代遅れのモノでも、その人にとっては〝必要なモノ〟である。

しかしモノを保管しておいて、時間とともに「関心度」が低くなるようならば、一般的に商品価値が高いモノでも、その人にとっては不必要なモノである。

資料などの場合は、**収集したときにはとても関心があったとしても、保管したまま何年も忘れてしまっているようなものは、関心がなくなったと思っていい**だろう。

不必要なモノは、使われない（見ない）状態が続く。つまり、時間が不必要なモノを見分けてくれるのだ。

捨てる基準では「関心度」がとても大切である。しかも時の流れとともに、「関心度」は変化する。関心度が低くなり不必要と判断したら、その時点で捨てればいい。その基準は人それぞれだし、保管スペースとの兼ね合いもあるが、1年ぐらいだろう。

1年以上、開かなかった資料や書類は思い切って捨てるか、改めて選別してどうしても取っておきたいファイルのみを保管する。

❖――「時間と空間」が捨てるモノを決める

「捨てる技術」では「関心度」の他に、「時間」と「空間」が大きな要素になる。要は、時の流れが「関心度」の高さを決めてくれ、必要なモノと不必要なモノを自動的に振り分けてくれるのである。

「そんなことしていたら、時間とともに資料が増えていって、保管スペースがいくらあっても足りないのでは……」

そう思われるかもしれない。しかしこれは、保管スペースを増やすからだ。**不要な資料に埋もれないためには、保管場所を限定することだ。「これ以上は保管スペースを増やさない」と決めてしまう。許容量を超えたときが捨てるときである。**「空間」つまりスペースが、捨てる基準を決めてくれることになる。

スペースがないという不便さが、逆に捨てる決断をさせてくれるのである。

ここで大切なのは、**「生活空間と保管場所との境を明確にする」**ことだ。

生活空間にまで資料の山が侵入していないだろうか。生活空間への侵入を許すと、捨てる技術は成り立たない。たとえば書斎と生活場所は明確に分けてほしい。「時空」による「捨てる技術」を身につければ、快適な仕事も生活も可能になる。

捨てる基準は「関心度」と「時間」と「空間」

まず「関心度」が高いか低いかが
捨てる・捨てないの基準

時間

- 時間とともに、「関心度」がなくなったもの
- 不必要なものは「見ない」状態が続く

↓

捨てる

空間

保管場所を限定し、許容量を超えたら

↓

捨てる

8

自分なりのシステムをつくり上げよう！

❖──流れるような、よどみないシステムを目指す

「時空」による捨てる技術を上手に取り入れたのが、ＰＡＲＴ３で紹介する「ＷＩ（ダブルインデックス）ファイルシステム」である。

まず、**どのような資料でも、この「魔法の袋」に放り込んでタイトルを記入する。タイトルを記入する箇所が２つあるのが、このファイルの大きなポイントである。**

そこで「ＷＩ（ダブルインデックス）ファイル」と名づけた。

ファイル（袋）をつくったら、まず袋を机の上のブックエンドに立てる。ブックエンドから必要なファイルを取り出して利用し、終わったらファイルを左端に入れる。

使ったファイルはブックエンドの左端に入れると、あまり使われないファイルは自動的に右端に押し出される。ずっと右端に置かれたままのファイルはゴミ箱に行くか、残しておきたい保存版ファイルはキャビネットに振り分けられる。

保管場所のキャビネットでは、山根式袋ファイル法（➡P7、64）のようにアイウエオの「50音順」で並べる。「50音順」に並んでいると、辞書のように一瞬で検索できるはずだ。

保管場所が一杯になった時点で、新しい保存版ファイルのスペースを空けるために、不要なファイルはゴミ箱に捨てる。このとき、「時空」による捨てる技術の考え方が機能し、知らず知らずのうちにメンテナンスしてくれるわけである。

詳しくはPART3で説明するが、ここで簡単に〝さわり〟を説明しておこう。

❖――「Wーファイル」だとスムーズにシステム化ができる

まずファイル本体は、安くて入手が容易な、事務で汎用している大型封筒（角形2号）を使う。郵便封筒をリサイクルすれば費用はゼロだが、見た目がバラバラではスッキリしない。そんなに高価なものではないので、文房具屋さんで購入しよう。

ファイルは袋だから、何でも入る。普通の資料はもちろん、写真、ＣＤ、ＤＶＤ、雑誌の切り抜きまで入れることができる。マチ付きのものを使えば単行本まで入る。**整理の基本は規格の統一だが、袋に入れてしまえばすべてがＡ４規格に統一できる**のである。

ファイルにはまずタイトル名を付けておくが、基本的に新しいファイルは分類せず、取りあえず机のブックエンドに立てて並べるだけである。先ほど述べたように、野口式の押出しシステムで、自然と整理されていく。

次に、保存版ファイルをキャビネットに移動したときは、どうするか。

ここでもわざわざ分類はしない。

「これは経済情報、これは医療情報……」とやっていると、どの分類に入れるか迷ってしまう。検索するときも、どこに分類してあったかわからなくなる。

しかし**「Ｗ－ファイル」は、タイトル名を見ながらアイウエオの50音順に並べて入れるだけで分類に悩む必要がない。**

ところで、この50音順にも問題はある。内容ごとに分類していけば、関連性のあるファイ

ファイルを「ふるい分ける」流れとは?

使ったファイルは必ず左端に立てて戻す

使わないファイルは自動的に右端へ行く。
右端へ押し出されたファイルは捨てるか
キャビネットに保存するか、ふるい分ける

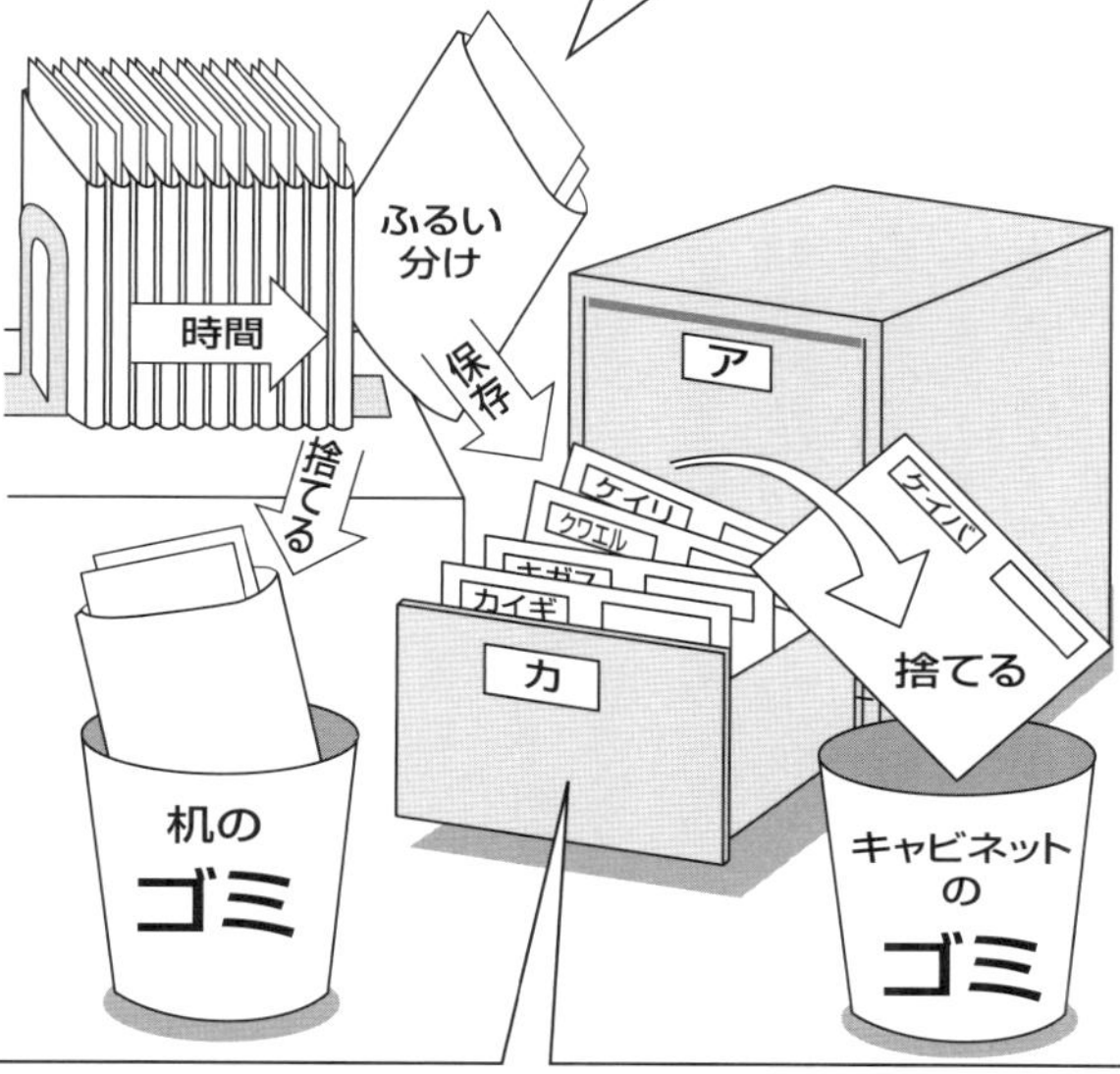

キャビネットは50音順に並べる。
入り切らなくなったら不要なものから捨てる

ルが隣に並ぶ。しかし50音順だと、関連するファイルがバラバラに置かれる。

❖──WIファイルのユニークさとメリットは?

ここで「魔法の袋（WIファイル）」の登場である。

このファイルには、1つの袋に2つのインデックスがある。この本の原稿に関する資料なら、メインインデックスに「WIファイル」と記入し、サブインデックスに出版社である「すばる舎」を記入する。

これは人それぞれでいい。メインインデックスに「ファイリングの本の原稿」あるいは「すばる舎原稿」、サブインデックスに「年号」を記入してもいい。

たとえば原稿をたくさん書くような人は、メインインデックスに「原稿」、サブインデックスに「ABC出版」、「オサカベ出版」……というふうにする。

人間の記憶というのは曖昧なようで、確かなところがある。この原稿を後で探すとき、「原稿」「ファイリング原稿」、あるいは「すばる舎」というキーワードは比較的簡単に思い出せる。いつ頃の仕事かもだいたい覚えている。

“魔法の袋”を使ってシステム化する（まとめ）

メインインデックスとサブインデックスがある！

① 仕事単位に何でも入れる

② ブックエンドで「時間順」に並べ、右端で処分の判断

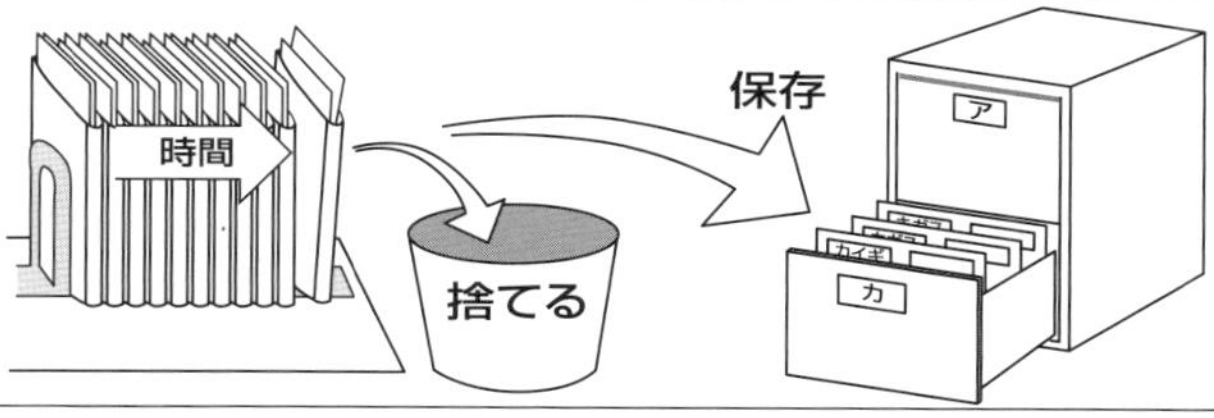

③ 保存版は「ダブルインデックス」で「50音順」検索

**保存ファイルを後で探すとき、
2つのインデックスのどちらかは覚えている**

9 ファイリングを「習慣」にしてしまおう

❖――いい習慣が、いい人生につながる

人は意識していなくても、毎日の行動のほとんどが習慣になっているものだ。いい習慣を身につけた人は、よりよい人生を生きている。

逆に喫煙習慣、酒の飲み過ぎ、間食や運動不足など……悪い習慣が積み重なると、肥満、高血圧、高脂血症、糖尿病などの生活習慣病になる。心筋梗塞や脳梗塞を引き起こすこともある。**「生活習慣」とは、非常に大事なものなのである。**

私は患者さんに、食生活と運動の生活習慣の大切さをいつもお話ししている。

クリニックを開設して20年余りになる。私は泳ぐのが大好きなので、20年間ほとんど毎日1000メートルを泳いでいる。午前と午後の診察の間に、ひと泳ぎするのである。

温水プールなので、冬の雪の日でも出かける。これが毎日の習慣になっているから、毎日食事を摂るのと同じ感覚である。

習慣にしてしまえば、出かけるのは苦にならない。忙しくて泳げない日が続くと、心身ともにストレスになるくらいだ。泳いだ後の爽やかさは、他のスポーツの爽やかさと同じで、私にとって毎日泳ぐ習慣は心身の健康管理に欠かせない。

もちろん、そう簡単に習慣化はできない。人間はどうしてもラクな方向に行きがちだから、それなりに意志の力も必要だ。

本を読む習慣ができると、わずかなすきま時間でも読書するようになる。少しずつの積み重ねでも、かなりの本が読める。

アリストテレスは「習慣が人間の性格や品性をつくる」と語っている。一度、自分の生活習慣を見直してみよう。

❖――とにかくファイリングの習慣を身につける！

あらゆる習慣が、その人をつくりあげている。ファイリングでも同じことが言える。

ファイリングの習慣を身につけることが、その人の情報処理能力を高めるとも言えるだろう。仕事もはかどるに違いない。

ファイリングの習慣が身についてしまえば、必要な資料がいつも手元に出てくるので、仕事の効率が上がる。探しモノでイライラすることもなくなるだろう。

しかしファイリングは、面倒なものだと長続きしない。ファイリングに検索などの手間ひまをかけてはいけないのである。

シンプルで簡単でなければ習慣になりにくいものである。

その点、「WIファイルシステム」は、安くて簡単に入手できる事務封筒で作るので、いつでも始められる。穴をあけて綴じるようなことはなく、袋に放り込むだけだ。

その意味で、かなり習慣化しやすいファイリングなのである。

PART 2

これまでのファイリング方法を押さえておこう

ファイリングにはいろんな方法があるが、どのファイリングシステムも一長一短で満足できなかった。それぞれのファイリングシステムを見てみよう。

1 「図書館式系統別整理法」は、一般の仕事には向かない!?

❖図書館式整理法のメリットは?

整理のシステムには、いろいろある。この本を手にした人は、「もっと良い方法がないか」と模索している人だと思う。そこで、今まで皆さんが採用してきた整理方法を比較しながら、理想的な整理法を考えていこう。

誰もが最初に試みるのは、図書館式系統別整理法である。少ない資料を整理する場合は、この方法で充分だ。**系統的に並んでいるので、関連したファイルがすぐ横にある。**仕事をしているときに、関連した資料を一度に出せるので、とても便利である。

たとえば、医学では学問そのものが体系化されている。診断学、治療学は、臓器別に体系化されているので、私も最初はこの整理法で行なっていた。

図書館式の長所をまとめてみる。

①扱う資料が系統的に分けられる仕事で、関連した資料をすぐ隣に置いておきたい場合に適している。関連したファイルを隣に並べられるため、関連したファイルを一度に取り出

「図書館式」のファイリング法

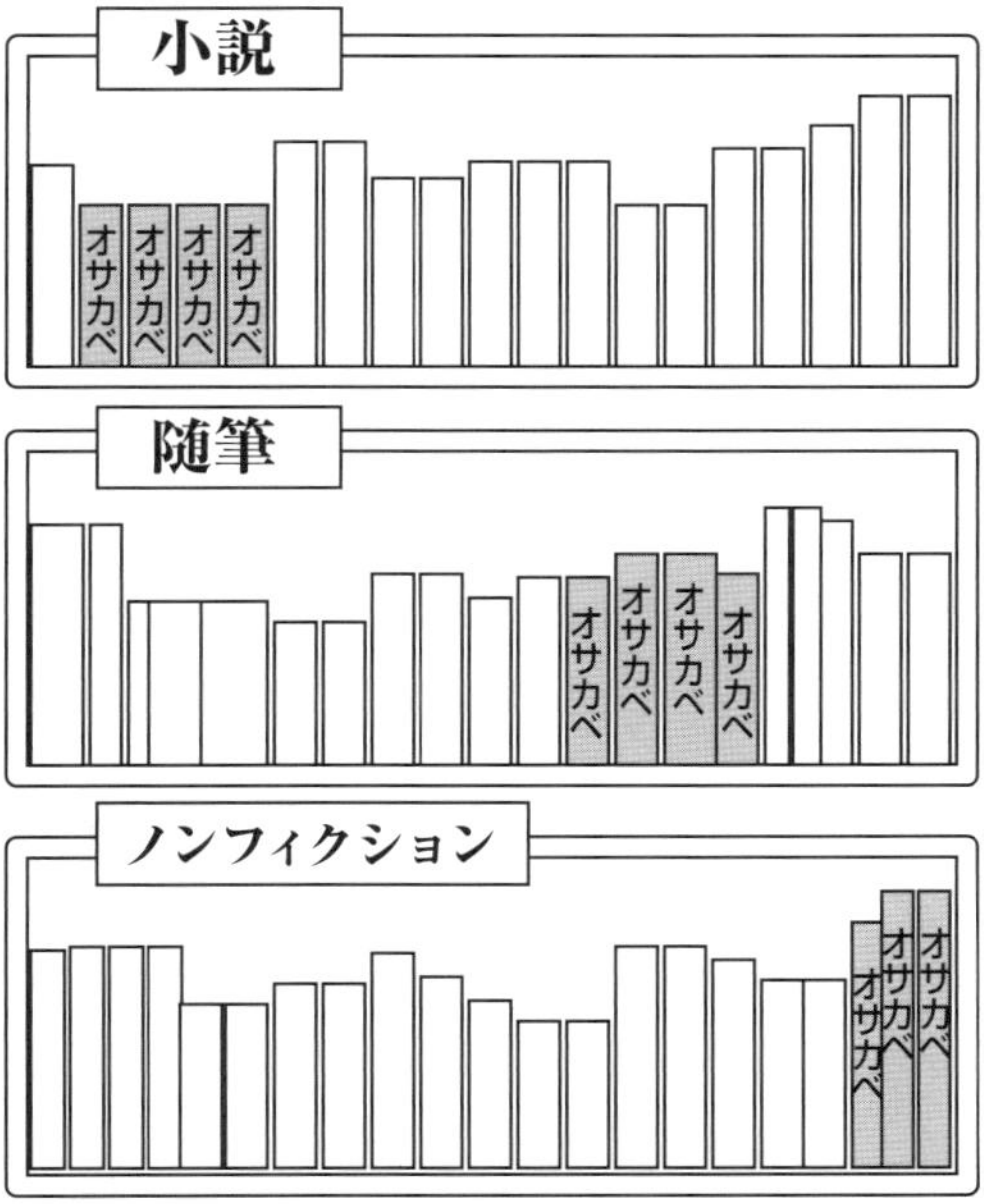

図書館では本をジャンル別に分類する。たとえば「オサカベ」という著者の本でも、小説と随筆は別の場所に置かれる

せるし、仕事が終わったら一度に戻せる。
②図書館のように多くの人が共有して資料を扱い、膨大な資料を保管する場合に適する。

❖——しかし分類不能なファイルができてしまう

ところが、この図書館式整理法では、資料が増えてくると、いくつかの分野にまたがる「分類不能ファイル」に悩まされる。無理に分類すると、行方不明になる「迷子ファイル」が続出するのだ。スムーズな検索のためには、パソコンが不可欠になる。

個人では、これだと手間がかかって仕方ない。

図書館では、専門の人が整理する。パソコンなどで検索するときは理想的な分類法だが、パソコンへのデータ入力などの労力を必要とするため、個人で行なうには問題がある。

この方法では、分類しにくい資料が続出して、未整理の山がすぐできてしまう。私も、最初はこの方法で分類整理していたが、未整理の山で苦労した。

つまり図書館式の短所とは、次のようなことだ。

①いくつかの分野にまたがる「分類不能ファイル」に悩まされる。

②無理矢理に分類すると「迷子ファイル」ができやすく、よく検索不可能になる。

③完全な検索にはパソコン検索が必要となる。この労力がかかりすぎて長続きしない。

「図書館式整理法」のメリット・デメリット

メリットは?

❶ 関連しているファイルを隣に並べられるので、関連したファイルを一度にすぐ取り出せる

❷ たくさんの資料を保管し、多くの人が共有する場合に適している

デメリットは?

❶ いくつかの分野にまたがる「分類不能ファイル」に悩まされる

❷ 無理矢理に分類すると「迷子ファイル」ができやすい

❸ 検索を完全にするには個人レベルでは労力がかかりすぎる

個人で行なうにはデメリットが多すぎる。やはり図書館など公共施設向けのファイル法だ

2

「山根式袋ファイル」のメリットとデメリットは？

❖──辞書を引くように簡単、スピーディーな検索ができる

「山根式」袋ファイルは、１９８５年に山根一眞著『スーパー書斎の仕事術』（アスペクトブックス）で紹介された。

「山根式」袋ファイルは、事務用封筒（角形2号）の上端を１・５センチ幅切り落とした袋ファイルだ。この袋ファイルの中に、何でも入れてＡ４規格に統一する。

分類・検索法が特徴的で、百科事典のように「50音順」を採用している。アイウエオ順に並べるだけだから、図書館式のように「分類不能ファイル」や「迷子ファイル」で苦労することがない。検索するときは、辞書を引く要領でいい。

山根一眞氏の本に感激した私は、さっそく「系統別分類法」から「50音順」に変更した。

「山根式袋ファイル」とは?

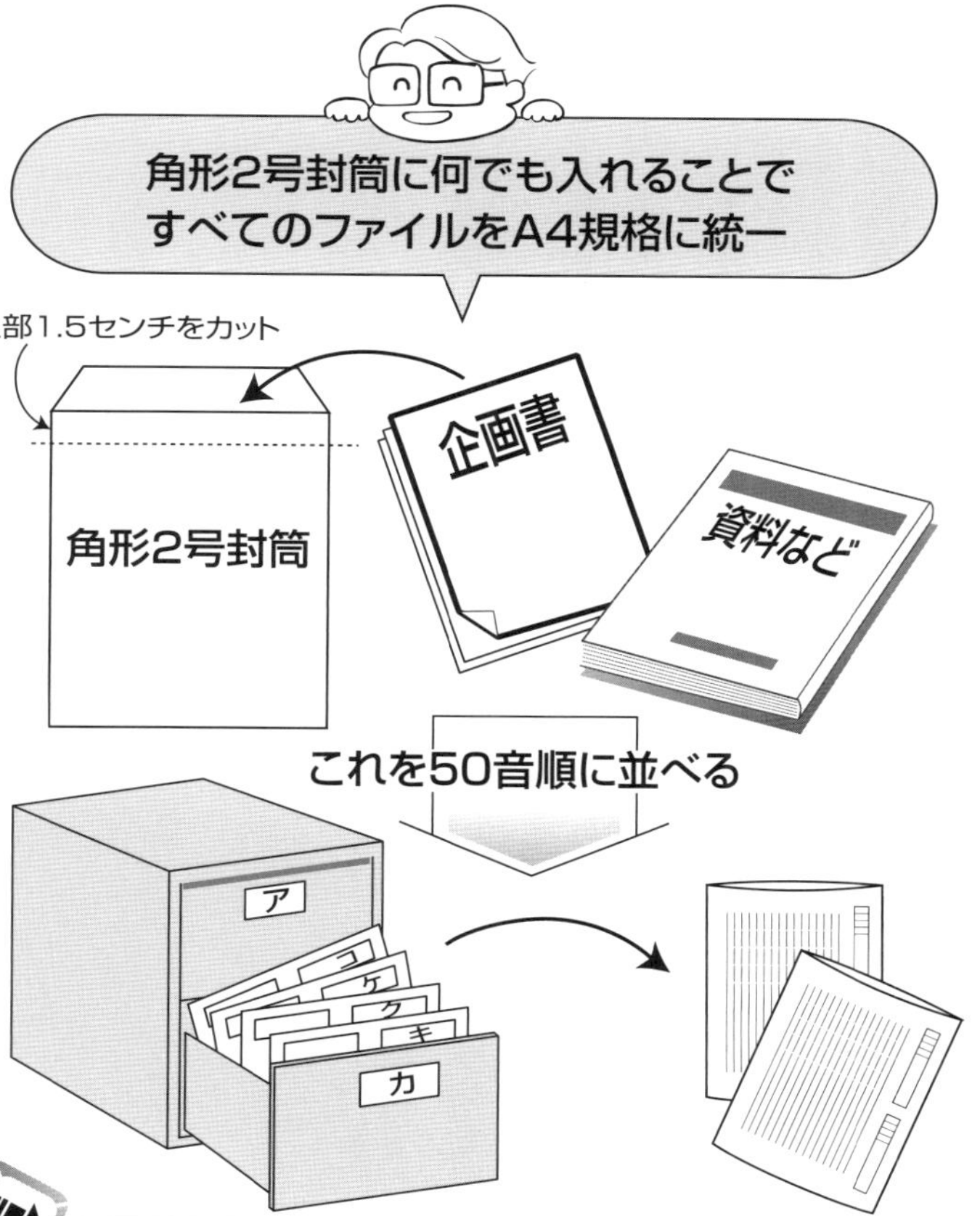

保存版ファイルは「50音検索」により、
辞書のようなスピード検索が可能になる

おかげで分類の煩わしさから解放され、山根氏のアイデアにはとても感謝している。

「山根式」袋ファイルの長所をまとめてみよう。

①50音順に並べるだけだから、分類の必要がない。図書館式のように「分類不能ファイル」に悩まされることがまったくない。
②辞書を引くように、速やかな検索が可能。
③パソコン検索などの労力を必要としないので、簡単に始められ長続きする。

❖──関連したファイルが、あちこちに分散されるデメリットがある

「山根式」の整理は素晴らしい方法だが、欠点もあった。**50音順だけで並べると関連するファイルがバラバラになり、関連ファイルをまとめておけない**のである。

たとえば私の仕事である医療では学術資料が体系化されているため、「50音順」にすると関連ファイルが分散してしまう。

「山根式」袋ファイルの短所をまとめてみよう。

①50音順に単純に並べているので、関連するファイルを「系統別」のようにすぐ隣に置けな

い。関連したファイルを探すときは、50音順のあちこちから探し出し、仕事が終わったら再び50音順にバラバラに戻さなければならない。

②検索手段をファイル名の記憶に頼るため、あくまで個人レベルの整理法。多くの人が共有して資料を扱う場合には適していない。

「山根式」のメリット・デメリット

メリットは?

❶ 50音順に並べるだけだから図書館式のように「分類不能ファイル」に悩まされない

❷ 辞書を引くようにスピーディーな検索が可能

❸ 簡単に始められ長続きする

デメリットは?

❶ 系統別に分類されてない

❷ 検索手段を個人の記憶に頼るため、あくまで個人レベルの整理法

50音順に並べるため、関連ファイルがバラバラに置かれる

3 「超」整理法の時間軸検索のメリットとデメリットは？

❖――左端から時間順に並べるだけでいいのでシンプルだが……

1993年、野口悠紀雄氏は著書『「超」整理法』（中公新書）で、「押出し式ファイリング」を発表し、『「超」整理法』として大ブームを巻き起こした。

野口氏は、分類作業には問題点が多すぎるので、いっさいの分類作業をやめて、単純に時間順で並べていく、簡単な整理法を発案したのである。

ファイル形態は、「山根式」袋ファイルと同じ事務用封筒（角形2号）を使うが、「50音順」に並べないで「時間順」に並べる。

ファイルは本棚の左端から順に並べていく（右端からでもいい）。**新しいファイルは、本棚の左端に入れ、取り出して使ったファイルは、再び左端に戻す。これを繰り返すと、使わ**

ないファイルは右に押し出されていく。

この「押出し式ファイリング」はシンプルで簡単だし、最近使ったファイルは左にあり、昔に使ったファイルは右端にあるという、時間軸で検索が可能になっている。

「超」整理法の考えとは?

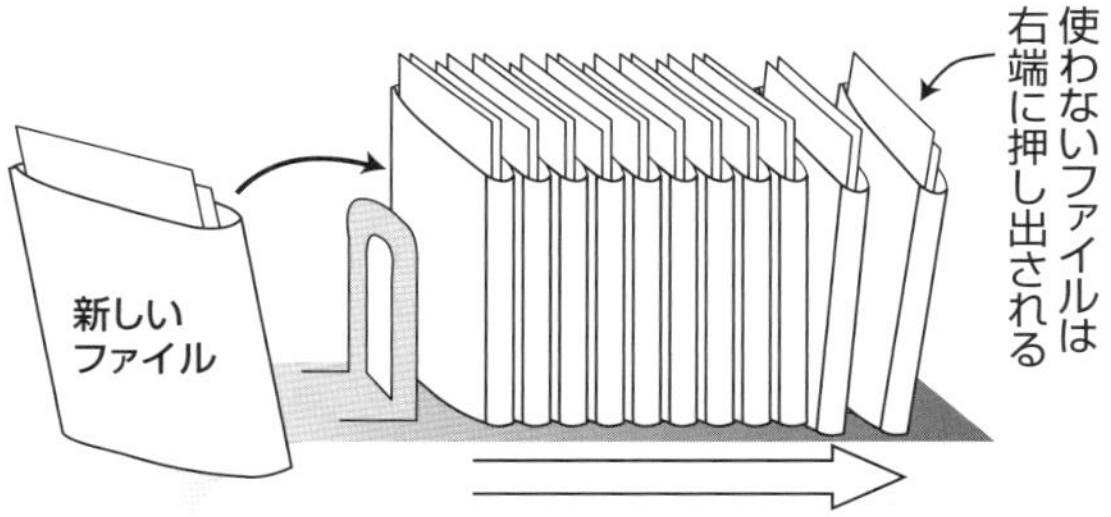
新しい
ファイル
使わないファイルは
右端に押し出される

無理に分類せず、すべてのファイルを時間軸で並べる

↓

新しいファイルは本棚の左端に入れ、使ったファイルは再び左端に戻す

↓

これを繰り返すと「古いファイル」「使わないファイル」は右端に押し出される

単純に左端から入れて順番に立て並べるこの「押出しファイリング」は、野口氏が１９９３年に発表したが、それより10年ほど前の１９８０年頃、私自身は「ポケットファイル」を使用して机のブックエンドですでに実行していた（⬇P78〜79参照）。**繰り返しになるが、机の上ではいつも使うファイルを左端手前に入れるとファイルへのアクセスが、サッとできる。机の上のファイル整理はこの方法がベストだろう。**

私はファイリングシステムの一過程として「時間順」を活用したのだが、野口氏は大胆にも整理の全過程をこの「時間順」だけでシステム化したのである。

「超」整理法の長所をまとめてみよう。

①左端から単純に時間順に並べていくだけだから、分類の必要がない。「分類不能ファイル」に悩まされることがまったくなくなる（そもそも分類そのものをしない）。
②検索用カードやパソコン検索などの労力もないので、簡単に始めることができ、しかも長続きする。
③処分の判断が可能。右端に追いやられた不活性ファイルのうち、不要なファイルはその場で処分できる。

「超」整理法（野口式）は時間軸で並べる

**机の上のブックエンドなどに
左端から順番に立てて並べる
だけ！**

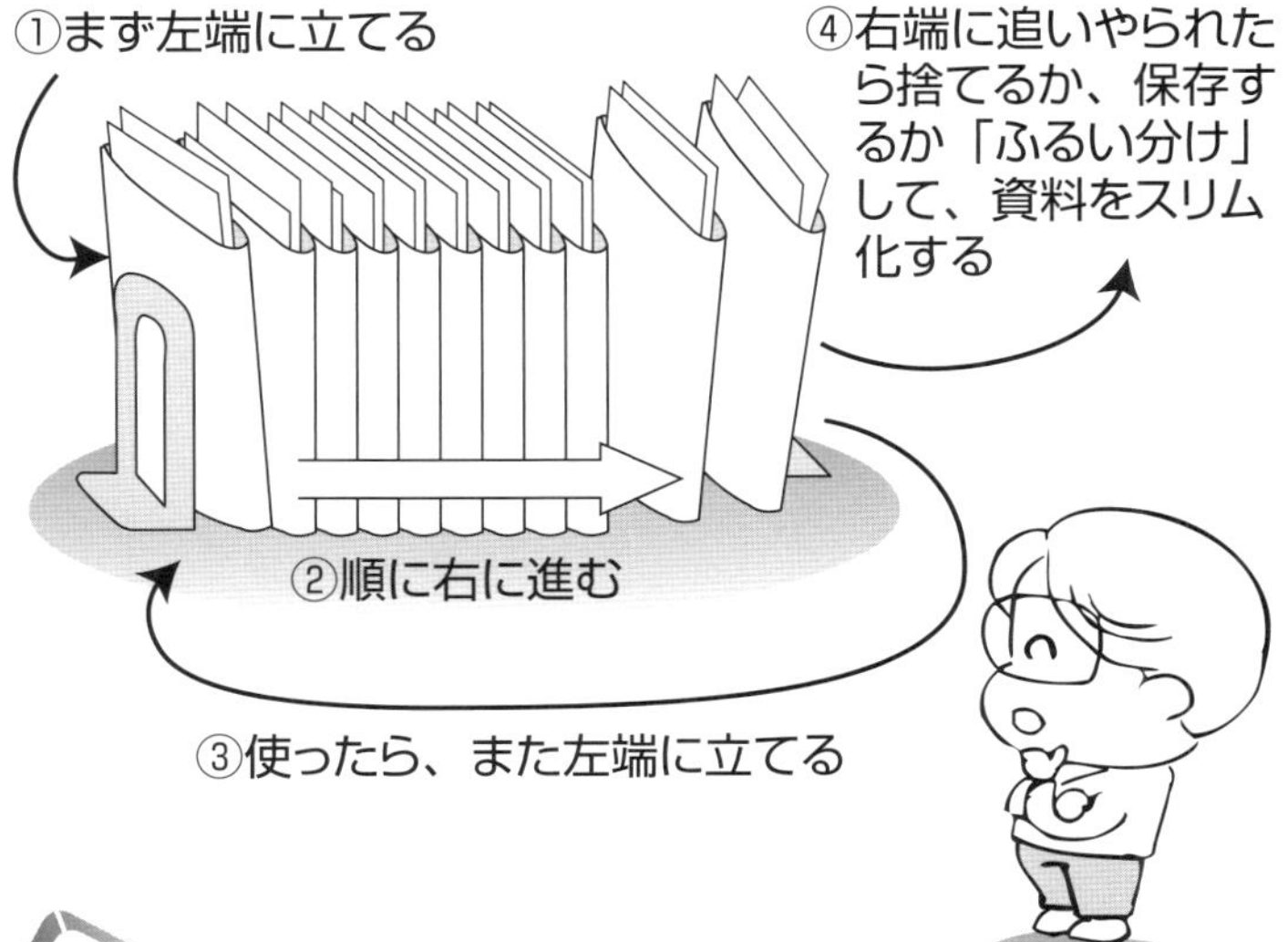

①まず左端に立てる
②順に右に進む
③使ったら、また左端に立てる
④右端に追いやられたら捨てるか、保存するか「ふるい分け」して、資料をスリム化する

**最近使った新しいファイルは左、
古いファイルは右にある ――
というシンプルな方法**

④よく使うファイルはいつも手元に置けるので、仕事中のファイルはすぐ出せる。

❖資料が増えると検索スピードが落ちる

「超」整理法は、分類作業から解放される便利な方法だが、問題点も抱えている。最大の欠点は、資料が増えるにしたがって検索時間がかかることだ。**いつのファイルかという〝時間〟はある程度までは覚えていられるが、多くなるとむずかしい。**

野口氏も、必要悪としてこの欠点を認めている。だから、あまり活用しなくなったが保存しておきたいファイルは「神様ファイル」(保存版ファイル)として、色マークなどで工夫している。

それでも大量になった場合は不完全だと思う。不活性化ファイルが大量になった場合は、別の場所に移し、山根式の「50音順」等の検索方法を併用する工夫が必要だろう。

「超」整理法の短所をまとめてみよう。

①時間順に並べるため、関連ファイルを「系統別」のようにすぐ隣に置いておけない。
②最近使ったファイルはすぐに検索できるが、ファイルが増えてくると、古いファイルの検

索スピードが落ちる。

③検索手段が個人の時間記憶によるものであるため、あくまで個人レベルの整理法。多くの人が共有して資料を扱う場合には向いていない。

「超」整理法のメリット・デメリット

メリットは?

❶ 左端から単純に時間順に並べていくだけだから、分類の必要がない

❷ 検索用カードやパソコン入力などの労力がいらない

❸ 処分の判断が簡単。右端に追いやられた不活性ファイルのうち、不要なファイルはその場で処分できる

❹ よく使うファイルはいつも手元に置けるので、仕事中のファイルはすぐ出せる

デメリットは?

❶ 関連するファイルを「系統別」のようにすぐ隣に置いておけない

❷ ファイルが増えてくると、古いファイルの検索スピードが落ちる

❸ 検索手段が個人の時間記憶によるものであるため、あくまで個人レベルの整理法

不活性ファイルが増えた場合は、別の場所に移動して、山根式「50音順」等の検索方法を併用する工夫も!

4

私の試行錯誤のファイリング法

❖——何でもいいからファイリングを試してみよう

では、最もすぐれたファイリングとは、どんなものだろうか。
それはPART1でも触れたように、次のようなものになるだろう。

①仕事中に必要な資料がいつも手元にある
②机の上がスッキリしている
③すぐに見つけられる方法であること
④資料ファイリングは長続きする簡単な方法であること

これらを完全に満たす方法はないものか……私はずっと試行錯誤してきた。図書館式、山根式、「超」整理法（野口式）を見てきたが、それぞれ一長一短がある。

それも、何もしないよりはマシだ。山根式も、「超」整理法も、欠点はあるにしても、すぐれた方法であることは間違いない。**いま机の上がぐちゃぐちゃになっている人は、何でも**

最初は「フラットファイル」だった

面倒な方法だったが、何もしないよりマシ。とりあえず何でもいいから始めよう

いいからファイリングをやってみることをお薦めする。

次のPART3では、私の考案した「WI（ダブルインデックス）ファイリング」を紹介したい。だがその前に少しだけ、私が試行錯誤してきた経過をお話ししたい。

❖——最初は「フラットファイル」で資料に穴をあけていた

私は学生時代、B5規格の「バインダー式ノート」で情報を記録し、「綴じ具付きフラットファイル」に綴じて整理していた。

綴じ具付きフラットファイルは、硬い表紙で資料を挟み、資料が落ちないように2つの穴をあけて綴じ具に固定する。しかしこれでは、すべての資料に穴をあけなければならない。これが面倒だった。

穴をあけたくないファイルの場合は、フラットファイルの内側に挟んでおくだけになる。そうすると、資料が滑り落ちてしまう。

また、資料を追加するときには、綴じ具をわざわざはずして再び綴じなければならない。これもとにかく面倒だ。役所などではこのファイルを使っているところが多いようだが、忙しいビジネスマンにはあまり向かない。

もちろん、「永久保存版」として保管しておくのなら、これでも問題はない。しかし現在進行中の情報を処理するには、いろいろと面倒になるのである。

フラットファイルの欠点

いちいち穴をあけるのは面倒

かといって、綴じないと……落ちる

永久保存版として残しておくなら問題ないが、進行中の資料を整理するには問題が多い

このファイル法は、忙しいビジネスマンには向いていない

5 「ポケットファイル」も、効果的だったが……

❖──綴じ具を使わずに資料をまとめることができる

その次に私が使い始めたのは「ポケットファイル」である。外見はフラットファイルと似ているが、資料を固定するのに綴じ具を使わず、内側のポケットを使う。

現在は官公庁の資料もＡ４規格に統一されているが、Ａ４が主流になり始めたのはこの頃だったと思う。

何といっても、**綴じ具を使わずに資料をそのまま放り込める簡便さは魅力だった。ポケットファイルを導入してから、それまで不満だったファイリングの欠点が一気に改善された気**がした。

長所を簡単にあげてみよう。

①綴じ具なしでも資料が滑り落ちなくなった。
②Ｂ５規格資料もＡ４規格資料も、Ａ４規格に統一できるようになった。
③穴あけ作業がいらないし、綴じ具の取り外し、取り付け作業もいらない。ホチキスで綴じて、そのまま放り込めばよい。
④書類だけでなく、スライド写真等の規格外品も、Ａ４規格に統一できるので、ほとんどのものが一緒に保管できるようになった。
⑤そのまま机のブックエンドにも立てられるので、現在進行中の仕事は常に手元に置いておけるようになった。左端から順次立てていき、しかも再使用したファイルは再び左端に立てるようにすると、左端手前はいつも使用するファイルがあるので、すぐに必要な資料が取り出せた。
⑥携帯性にすぐれ、そのまま数冊を腕に抱えて移動でき、鞄の中にも簡単に収まる。だから現在進行形の仕事を、どんな場所へも持ち歩け、いつでも好きなときに、やりかけの仕事を始めることができた。
⑦タテ・ヨコと自由に置けるので、保管場所として机の上のブックエンドやスチール本棚、キャビネット、段ボール箱等と場所を選ばない。

❖──厚さが一定で場所を取るのが難点だった

ポケットファイルは、私の整理法とファイリングの大きな転機になった。

医学部講師時代は、さまざまなテーマを同時進行でこなさなければならなかった。しかし**ポケットファイルだと、それぞれのテーマの仕事を、それぞれのファイルに、そのまま放り込んでいくスタイルができてきた。**

当時の私は、研究者、教育者、臨床医と複数の仕事を同時にこなす立場だった。そのため、その仕事のスタイルに合わせて、「仕事単位にまとめたファイル」を作成するスタイルができていった。

しかし、まだ問題が残されていた。分類検索方法とファイルの厚さである。

そんなに多くのテーマを作成するわけではないので、仕事別のポケットファイルは、1年間分はいつも机の上のブックエンドに常備させておけた。仕事が完全に終了したら、系統別にスチール本棚かキャビネットに保管すれば、覚えている表題をもとに、系統別に整理された中から簡単に検索できた。

しかし、**情報や資料は、すべてが仕事単位に集められるわけではない。**

とくに、毎月配達される専門学術雑誌は、そのまま保管すると研究棟の自室は雑誌の山になる。今後、必要と思われる情報資料だけを破り取って必要最小限の量にして保管し、雑誌本体は処分しなければ、本当に必要な情報が呑み込まれてしまうのだ。

とはいえ、こうした小さな単位の情報を、毎日処理していかなければならない。かといって、そういう小さな資料までポケットファイルに入れて分類していると、このファイルの厚さは10ミリ程度のため、わずか数枚の資料でもかなりのスペースを取ってしまう。

❖ポケットファイルだと〝行方不明〟になる資料が生まれる

保管スペースの問題だけではなかった。

資料や情報は、ある程度〝系統別〟に整理しなければ意味がない。だが**ポケットファイルの資料を系統別に整理しようと思うと、分類できない項目が次々に出てきた**のだ。

系統別分類は、このＰＡＲＴ２の最初で説明したように、図書館で採用されている方法である。当時私は、この方法で資料を分類していた。

しかし62ページでも説明したが、系統別分類だとどうしても分類不能なファイルができてしまう。たとえば、業界別に「化粧品業界」「食品業界」「薬品業界」といったファイルをつくる。ところが、これでは資生堂の資料は「化粧品業界」に入れるか「薬品業界」に入れるか迷ってしまう。

それでも無理して細かく分類して保管すると、検索のときにどこに分類整理したのかわからなくなってしまった。しかもいくつかの分野にまたがった項目は、行方不明になり、ブラックホールに落ち込んでしまった。

たとえば資生堂の化粧品に関する資料は「化粧品」のファイルへ、薬品に関する資料は「薬品」に入れる。すると今度は、「資生堂」で検索できなくなるわけだ。

もちろんポケットファイルを50音順でファイリングすることもできるわけで、ポケットファイル＝系統別分類で不便、というわけではない。ただ、この分類検索方法は、何とかしなければならない、と私は考えた。

「厚さ」の問題と「検索」の問題を解消する方法はないだろうか……その結果、封筒を使ったファイリングにたどり着いたのである。

PART 3

「魔法の袋」で、一気にファイリングがラクになった！

試行錯誤の末にたどり着いた
「W-I（ダブルインデックス）ファイル」は、
袋（封筒）ファイリングの究極の形でもある。

1 やっぱり「袋ファイル」がベターだったが……

❖――袋ファイルはメリットが多い方式である

64ページでも説明したが、「山根式」袋ファイルは、事務用封筒（角形2号）の上端を1・5センチ幅で切り落とした大型封筒の改良型である。

ファイルの中に何でも入れてA4規格に統一するという手法は、私がポケットファイルを使用してきた発想と同じものだった。違っていたのは、ファイル自体にほとんど厚さがないことだ。

数枚の資料のときは、2ミリほどの厚さだから、保管場所もスペースを取らなくてすむ。資料保管スペース節約の点では画期的だった。

袋ファイルは、ポケットファイル同様にこぼれない。しかも、厚さが資料に合わせて変化

してくれる。

さらに、大きな違いは分類方法だった。

50音順でなく系統別に分類すると、どこに何があるかわからなくなるし、新しい情報が増えると分類しきれない資料が出て、新分野の項目を設ける必要がある。しかし50音順ならいくら増えても関係ないし、分類にも悩まない。取り出すときも簡単だ。

ただ、かなりの量の資料がそれまで慣れ親しんできたポケットファイルで保管されていた。しかし、中身を「ポケット」から「袋」に入れ替えるだけだったから、ポケットファイルから袋ファイルへの転換は、意外とスムーズにできた。

❖──どうしても50音順分類だけでは不完全だった

「ポケットファイル」から「袋ファイル」への転換を契機に、分類検索方法も50音順に変えた。そのため分類の悩みがなくなり、迷子のファイルもなくなった。

しかし、「これでいつもスッキリと仕事ができる」と思ったものの、この方法もベストではなかった。

百科事典式の50音順は、単品の資料を検索するときにはスムーズだが、あるテーマに関連

するたくさんの資料を一度に取り出すときは、逆に時間がかかったのだ。

それまでの系統別分類の場合は、関連資料はすぐ隣に10ファイルほど集まっているので、そのままごっそりと取り出せた。しかし、袋ファイルの50音順分類だと関係資料があちこちにある。これではかえって検索に時間がかかる。

しかも、関連ファイルが散在しているということは、そのつど「何のファイルが必要か」考えながら資料を集めなければならない。

系統別の場合は、関連資料は隣にある。ある分野の仕事を始めるとき、その分野のたくさんのファイルをそのまま、机のブックエンドに移す。そして**仕事が終われば、その分野のファイルをそのまま元の保管場所に戻せばよかった。**

ところが**50音順だと、再びバラバラに保管しなければならない。**

そもそも医学関連の仕事は系統別である。循環器系、呼吸器系、消化器系、神経系、内分泌系、代謝系、血液系……というように臓器の系統別で分類していく。さらに、たとえば消化器疾患では、口腔、食道、胃、十二指腸、小腸、大腸へと細分化して整理することもある。

そうなると、関連したファイルがいつも隣にあったほうが仕事しやすい。

これではうまく検索ができない。いっそポケットファイル時代の系統別に戻るべきか悩んだ。そこで生まれたのが、「ダブルインデックス式」の袋ファイルだったのである。

もっと便利な袋ファイルはないか……

フラットファイル

↓

ポケットファイル

↓

袋ファイル

こうして山根式袋ファイルに行き着いたが、
分類方法は50音順だけでは不完全だった。

どうするか……？

↓

**ダブルインデックス式の
袋ファイルにたどり着いた！**

2 WIファイリングシステムのカギは、2つのインデックス

❖――もっと簡単で便利なファイリング方法はないだろうか？

「系統別分類」では、関連したファイルがすぐ横にある。そのため、仕事をするときに関係のある資料を一度に出せるし、そのまま戻せる（⬇P60）。だが分類作業はそんなに簡単ではない。どうしても「分類不能ファイル」や「迷子ファイル」に悩まされるものだ。

しかし「50音順」なら、分類も悩まないし検索もスピーディーだ。だがその代わり、あるテーマに関連する資料を一度に取り出すときは、時間がかかる。

その点、「時間順」では、いつも使うファイルはすぐ出せるので、仕事中のファイル整理のときはとても便利だが、古いファイルを探すときは時間がかかりすぎる。

どれもこれも捨てがたいが、一長一短である。何か良い方法はないだろうか。

ここで、「刑部式ダブルインデックス（ＷＩ）ファイル」の出番となる。ファイル形態は「山根式」と同じ角形2号封筒を使う。違うのは、インデックスが２つあることで、ここが大きなポイントである。まず、そこから説明しよう。

❖──「ダブルインデックス」はコロンブスの卵だった！

すでに述べたように、私は医学生時代は「系統別」で分類していたが、ファイルの量が少なかったのであまり問題なかった。だが**大学講師時代になると、情報量が一気に増えて、分類不能ファイルや迷子ファイルなどで悩まされるようになった。**

その後、「山根式」を知って「50音順」に変え、分類の悩みはなくなった。しかし、これでスッキリと仕事ができると思ったのもつかの間、すぐに不都合が出てきた。

前述したように、「50音順」では、単品資料を検索するときは簡単だが、あるテーマに関連するたくさんの資料を一度に取り出すときは、逆に時間がかかってしまうのである。仕事をするときは、関連したファイルを参考にすることが多いので、関連ファイルは隣にあったほうが便利だ。ファイルを戻すときも、まとめて戻せる。

そこで、**「50音順」と「系統別」の長所だけを組み合わせる方法を考えてみた。**まず「系統別」は、大項目から小項目へ細分化していく。たとえば「仕事術」という大項目があり、その下に「手帳活用術」「メモ術」……という小項目ができるわけである。

大項目が、関連する小項目をグループとしてまとめているから、関連するファイルを隣に置ける。この方法を生かしたまま、50音順で検索できないか。

それだったら、1つのファイルに大項目用と小項目用の2つのインデックスをつくればよいではないか。そうだ、「ダブルインデックス」だ！

まさに、コロンブスの卵だった。

これが「ダブルインデックス（WI）ファイル」の誕生の瞬間だった。

❖──ダブルインデックスは50音順&系統別

「ダブルインデックスファイル」は、「メインインデックス」と「サブインデックス」の2つのインデックスからできている。**グループ名は「メインインデックス」に記入し、タイトル名は「サブインデックス」に記入していくのが原則だ。**この「メインインデックス」のグループ名が同一なら、「50音順」で並べても同じ場所に集まることになる。

たとえば個人事業の人は、毎月の領収書を集めなければならない。そこでメインインデックスには「領収書」と書き、サブインデックスには「3月」「4月」……と書いていく。そうすると、メインが「領収書」で、サブが「月」のファイルが並ぶ。

もちろん、グループにする必要のない単独のファイルも多い。それは「メインインデックス」の位置にタイトル名を記入するだけだ。

この「WIファイル」を保存するときの大切なポイントは、大項目を「系統別」に分類し

山根式か、野口式か……

刑部式ダブルインデックス（WI）ファイルの誕生!!

て並べるのではなくて、単純に「50音順」で並べることである。

「50音順」に並べていても、「メインインデックス」のグループ名は同じだから、同じ場所にまとめて置かれることになる。グループになってない単独のファイルも「50音順」に整理するので、すべての保存版ファイルを辞書のようにスピーディーに検索できる。

つまり、「系統別」の長所を組み入れたままで「50音順」検索ができるのだ。

「ダブルインデックス（WI）ファイリングシステム」の詳しいやり方は後述するとして、まず簡単な考え方を説明しておく。

ファイルをつくる時点で、系統（グループ）が明らかなファイルは最初から系統名（グループ名）をメインインデックスに書く。

たとえば**「中国」「インド」「北朝鮮」「アメリカ」「ブラジル」……と国別のファイルをつくっていたとする。そのうちアジアの国のファイルが増えたら、「アジア」というグループ名のメインインデックスを付けて、「中国」「インド」などをサブインデックスにする。**

しかしグループ名がはっきりしないこともある。その場合は、そのまま資料名をメインインデックスに記入して、50音順に並べておけばよいのである。最初の時点で、無理してグループ名を付ける必要はない。

ダブルインデックスによるファイリングとは?

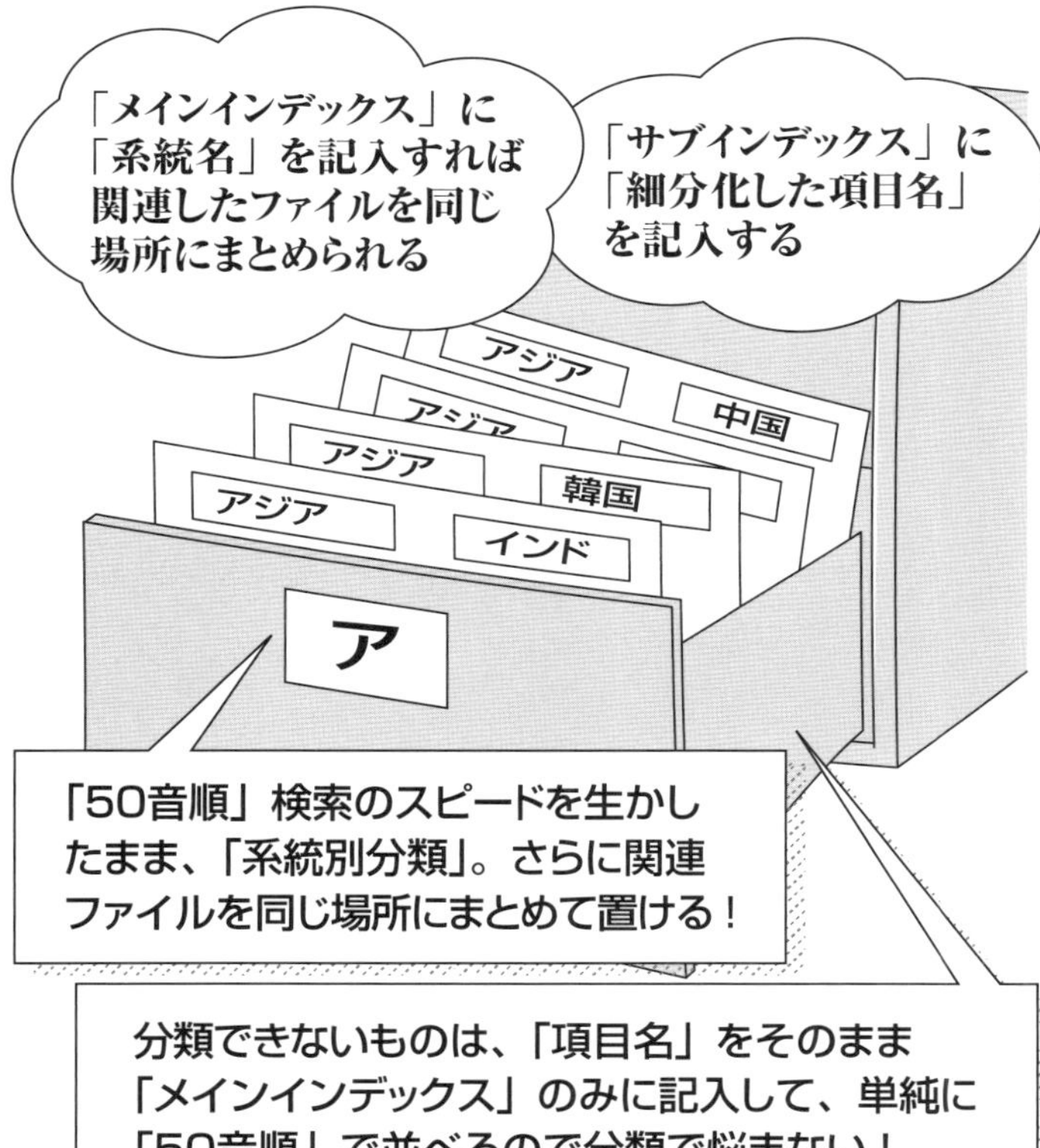
分類できないものは、「項目名」をそのまま「メインインデックス」のみに記入して、単純に「50音順」で並べるので分類で悩まない!

時間軸、50音順、系統別の長所だけを組み込んだシステム!

3 スムーズなファイルシステムができた！

❖──なぜ整理できないのか、考えてみよう

今や、家の中はモノであふれている。仕事場も同じである。事務机の上は書類の山、イスの周りは足の踏み場もなかったりする。断捨離が推奨されているが、資料は簡単には捨てられないし、モノには〝思い出〟も付随している。

そもそも、なぜモノや資料が必要以上にたまってしまうのだろうか。

仕事中は必要な資料がすぐに出せるように、たくさんの資料を机の上に置く。だが、ついどうしても、すんだ仕事の資料もそのまま机の上に置き去りにされてしまうことがある。とりあえず入手した資料も、まず机の上に置くかもしれない。

こうして机の上は、資料の山であふれてくる。

しかし**机は知的作業の場所である。モノ置きにしないで、スッキリした心地よい空間を確保しなければならない。**

そこで、きれいな水が流れるようなシステムをつくる必要がある。

資料を机の上に積み上げているから、川の流れが滞ってしまう。いわば、入水・貯水・放水をコントロールできる小さなダムを、机の上に建設するのだ。**机の上の小さなダム、それはブックエンドである。**

机の上の小さなダムから保存することになった資料は、別の永久保管場所に移動させる。キャビネットもしくは本棚が、大きなダムだ。

48ページでも書いたが、キャビネットから資料があふれるようになったら、捨て時なのである。決して保管場所を増やしてはいけない。

❖――大型封筒に必要な資料を投げ込むだけでいい！

ときどき、資料を机の上に積み上げている人がいる。しかし、その人にとってはそれなりにまとめて置いてあるので、最近扱っている仕事ならすぐ出てくる。「時間順」に上に重ねているからだ。つまり、今使っている仕事資料は一番上に置いている。

しかし、これでは下にある資料は身動きできないし、探すのに苦労する。必要になってもすぐ取り出せないし、底のほうで不要になった資料は、そのうち忘れられていく。

そこで**角形2号封筒の中に、机に積み上げてある書類の山を、上から順番に〝まとまり〟ごとに放り込んでいこう。封筒の右端にはタイトルを付けておく。**

一番上に置いてあった大切な資料はブックエンドの一番左側に入れ、一番下のものは右端になるように順番に並べていく。

そう――、机の上のブックエンドに並べるだけでいいのだ。**積み上げていた状態を、立て並べただけで煩雑な資料の山が一掃される。**ブックエンドには封筒が整然と並び、机の手前には、仕事がゆったりとできる空間が広がっているだろう。

しかも机の上の書類の山を封筒に入れる第一段階で、机の上の書類の山がほとんど不要な資料であることに気がつくはずだ。とくに底のほうには、近所でもらった居酒屋のチラシや、何カ月も前に配付された会議の資料などが埋もれていたりする。

この時点で、机の上のもののうち3分の1程度がゴミとして無理なく捨てられる。

❖――まず、机の上は「時間軸」で整理しよう

50音順と系統別のメリットを生かしたダブルインデックスシステムが、とくに〝威力〟を発揮するのは、主として「保存版ファイル」のときである。**よく使うファイルは机の上で「時間軸」で整理するほうが現実的だし、仕事もやりやすい。**

つまり、ファイルの数が机の上に並べられる程度なら、時間軸ファイルで充分なのだ。

この「時間軸」の整理方法は、先ほども書いた、「超」整理法で有名になったやり方である。現在進行中の仕事に関する資料は、この方法で整理する。

これは、机の上のブックエンドの左から、WIファイルを並べていくというシンプルな方法である。机の横に本棚があるような場合は、それを利用してもいい。

ブックエンドから取り出して使った（見た）ファイルを戻すときは、必ず左側に入れる。すると古いファイルはしだいに右に押されていって、よく使うファイルが左側に集まるはずだ。そのうち、いつも右側にあるファイルが出てくる。また、ファイルが増えてくるとブックエンドのスペースからあふれるファイルも出てくる。

ここで、あふれたファイルを処分するか保管するかを決めるわけである。

なお、ブックエンドは必ずしも机の右側でなくてもかまわない。左側に置き、右側から押し出すようにしてもいい。机の上のレイアウトに応じて、やりやすいほうで実行してみるとよいだろう。

❖―「W―ファイル」は仕事単位でつくる

机の上を整理するとき、いま手がけている仕事に関するものも封筒に放り込む。このとき、プロジェクト別、企画別、内容別、顧客別などの「仕事単位」で、書きかけの報告書も関係する資料と一緒に放り込むことが基本だ。

ひとつの仕事に関する資料は、できるだけひとつの封筒に入れる。

「それだと中がゴチャゴチャにならないか」

と思われるかもしれないが、**どの袋にあるか探し回るより、「要するに、必要な資料はこの袋の中にあるはずだ」とわかっていれば、探し出すのも早い。**

普通、頭のなかは仕事単位に整理されている。だから、ひとつの仕事はひとつの封筒に収

机の上でのWIファイルの使い方は?

①インデックスにタイトルを記入する

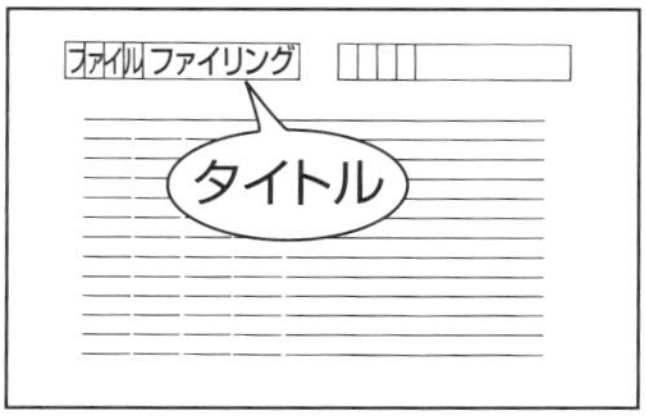

②仕事単位に資料を放り込む

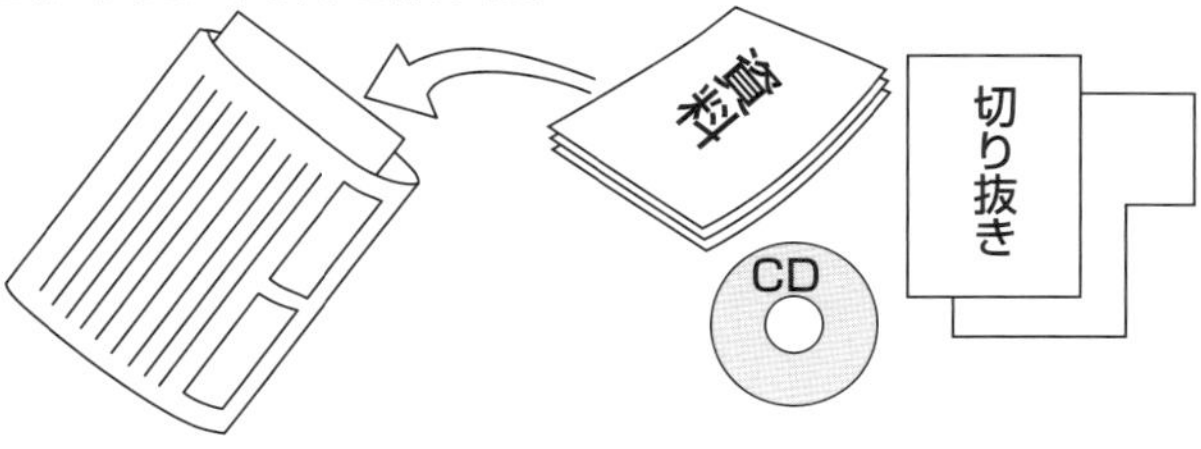

③現在進行中のファイルは机の上に時間順に立てておく

机の上は分類せずに、「時間軸」で並べる。2つのインデックスが効果を発揮するのは保存キャビネットに移ってから

めたほうがいい。それによって分厚い封筒になっても、封筒の中身を見ればすぐに見つかる。それでも気になる人は、中をクリアーホルダーで区切るとよいだろう。

繰り返すが、**一度使ったファイルは、もとの位置に戻さずブックエンドの左端に入れる。**そうすれば、必要な資料がいつも左端手元にある。

やりかけの仕事を、そのまま袋に放り込んで、ブックエンドの最も左側に入れる。そして、次にやるべき仕事の袋を取り出して机の上に広げれば、いつも机の上はひとつの仕事に集中できる快適空間になる。

❖――ブックエンド右端に移動した封筒を保存するか捨てるか決める

この「時間順」のファイリングだと、よく使うファイルをすぐに出せる。だから仕事をする机では、時間順の「押出し式ファイリング」で整理するのが理想的だ。

利用しない封筒は、数カ月から1年ほどで右端に移動していく。利用されなくなって右端に追い出された封筒を、保存するか捨てるか決めることになる。

このあたりの流れは51～52ページでも説明した通りである。

1年も使われずに右端のほうに立てられたままのファイルは、たいてい〝不要〟なファイルである。この段階でさらに3分の1程度が、ゴミとして自動的に処分される。保存版ファイルと判断されたものは、本棚やキャビネットの保管場所へ移動するのだ。

実はここからが、WIファイルの本領発揮である。

❖──保管場所では50音順で並べよう

ブックエンドに並べていたファイルも、そのうちいくつかは本棚やキャビネットに保管しなければならない。しかしこの大量の保存版ファイルを野口式「時間順」で並べると検索に時間がかかりすぎる。

かといって図書館式「系統別」分類では、分類に悩まされるだろう。

ここはやはり山根式「50音順」で整理するのがよい。分類作業に苦しむこともないし、検索は辞書のようにスピーディーだ。

つまり、**使用中ファイルは机上の野口式「押出しファイリング」で整理をし、本棚やキャビネットに移した保存版ファイルは山根式「50音順」で整理する――この2段階の「ダブル整理法」が最も効率的だということになる。**

しかし、キャビネットでの「50音順」整理にも、まだ問題がある。図書館式「系統別」分類なら関連するファイルをグループにまとめておけるが、「50音順」では関連ファイルがバラバラに並んでしまうからだ。

これは66、86ページでも簡単に触れた。

しかしダブルインデックスなら、50音順配列でありながら、関連したファイルを系統別に近くに置くことができる。たとえばメインインデックスは「アジア」で、サブインデックスが「インド」「韓国」……というような感じである。

「だが、そうすると、あのファイルは『韓国』という名前だったのか『アジア』という名前だったのかわからなくなるのでは?」

と思われるかもしれない。実はこの点が、WIファイルの唯一の欠点でもある。つまり、検索手段を人間の記憶に頼っているのである。

しかし韓国関係の資料を「アメリカ」という封筒には入れない。**人間の記憶は意外と確かなものなのだ。**「韓国」か「アジア」のどちらかに入れたはず……というぐらいは思い出せるものである。

ふるい分けの機能とは?

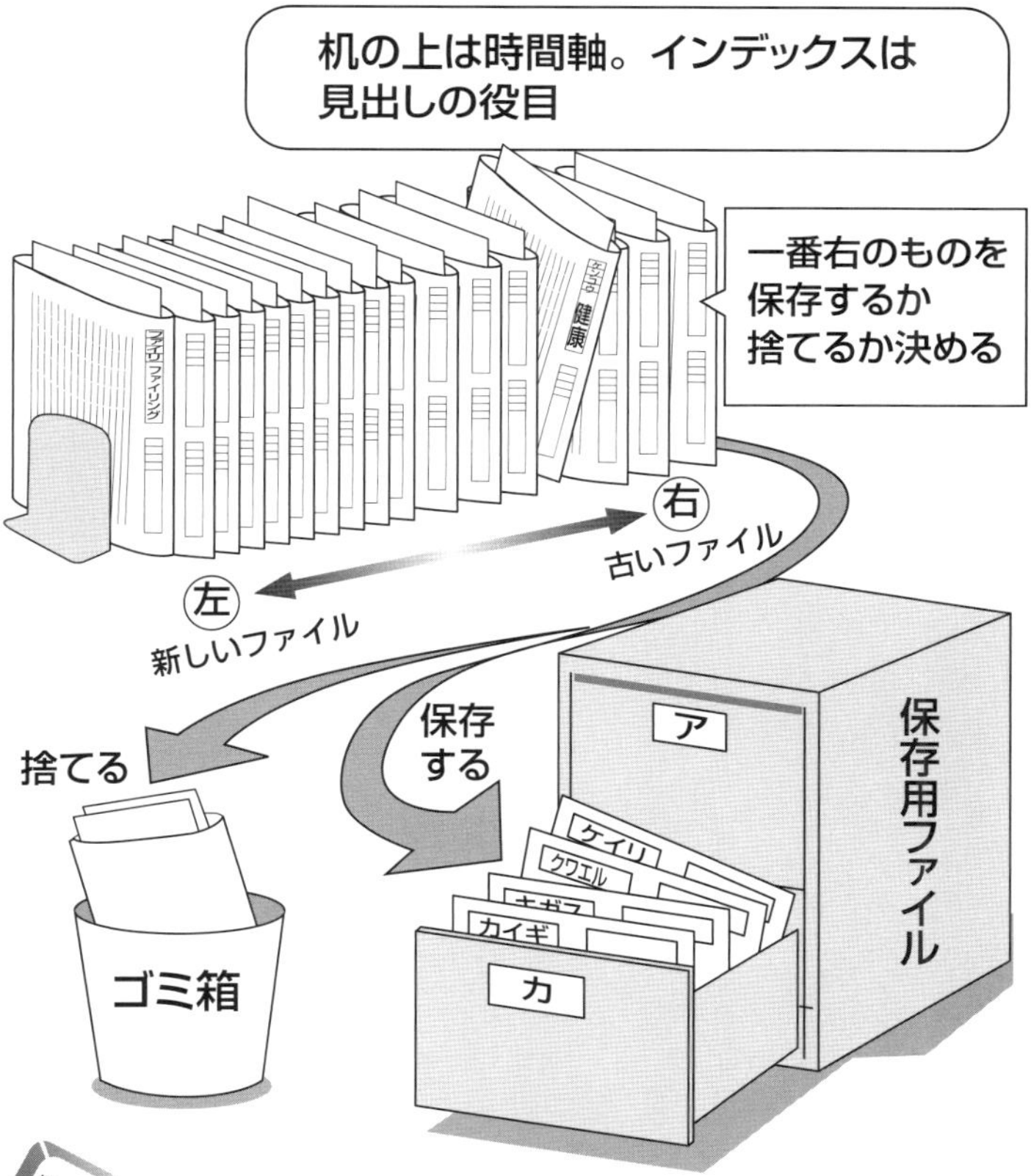

**ブックエンド右端に追いやられたファイルは
処分と保存に「ふるい分け」する**

❖——インデックスが2つあることで、50音順と系統別の分類ができる!

ここで改めて、WIファイリングの特徴を整理しておく。

「WI(ダブルインデックス)封筒ファイル」の第1の特徴は、ファイルの中身が「仕事単位」であることだ。資料を検索する場合、「どの仕事にその資料を使ったか」を思い出す。この記憶を利用するのである。

WIファイリングは、こうした人間の記憶を検索に利用するシステムである。したがってあまり細かい分類をするより、アバウトでファジーな分類検索方法のほうが長続きする。仕事単位、プロジェクト単位が、最も効果的で確実なのだ。

資料が増えたら別名でファイルをつくったりせず、たとえば「韓国1」「韓国2」……というふうにしていく。項目名は少ないほうが探すときに簡単である。

WIファイリングの第2の特徴は、机の上のブックエンドで「時間軸検索」を併用していることである。100ページでも説明したように、机の上のブックエンド(ブックエンドでなくとも、簡単な本立てでもいい)を使い、使った資料はブックエンドの左側から順に置いていく。活用されていない古い資料はしだいに右に追いやられるはずだ。

ここまでは野口式「超」整理法の考え方と同じである。
しかし、キャビネットなどに保管するときには50音順に並べる――。

つまりWファイリングの第3の特徴は、**50音順分類と系統別分類をミックスさせたこと――これは、インデックスを2つつくることで可能になる。**

保存版ファイルは、本棚やキャビネットに50音順で保存する。このとき、ダブルインデックスにすることで、50音順でありながら、系統別に関連ファイルを隣に置くことが可能になる。くわしくは次項で説明するが、簡単に言うと次のようになる。

たとえば、ある営業マンが、㈱オサカベというところと仕事をしていたとする。仕事の種類はいくつもある。そこで、メインインデックスには「オサカベ」、サブインデックスにはそれぞれ「プロジェクト名」を記入していくわけである。

4 2つのインデックスの付け方は？

❖――インデックスのマス目にキーワードを記入する

私がWIファイルを考案したのが1987年だからもう30年ほどになる。その間、左ページのようなWIファイルを印刷会社に大量特注し愛用してきた。

「超」整理法（押出し式・時間順整理）、山根式（50音順・百科事典整理）、図書館式（グルーピング整理）の良さのすべてを兼ね備えている。

1つのファイルに2つのインデックスを備えたのがWIファイルである。その秘密はWI（ダブルインデックス）にある。

WIファイルには、インデックスが2つあり、インデックスの頭に4つのマスが設けられている。ファイルのタイトルが「整理術」であれば、タイトルの読みの「セイリ」を4つの

これが刑部式オリジナルWIファイルです

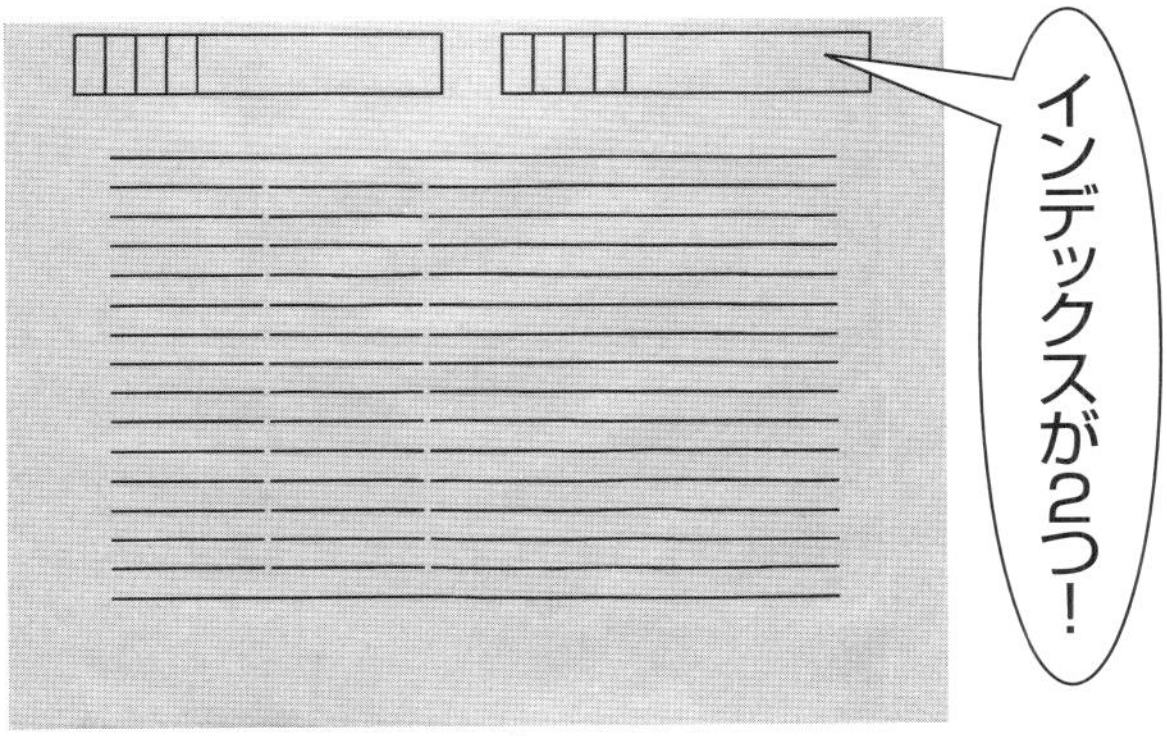

最もよく使う薄型袋ファイル

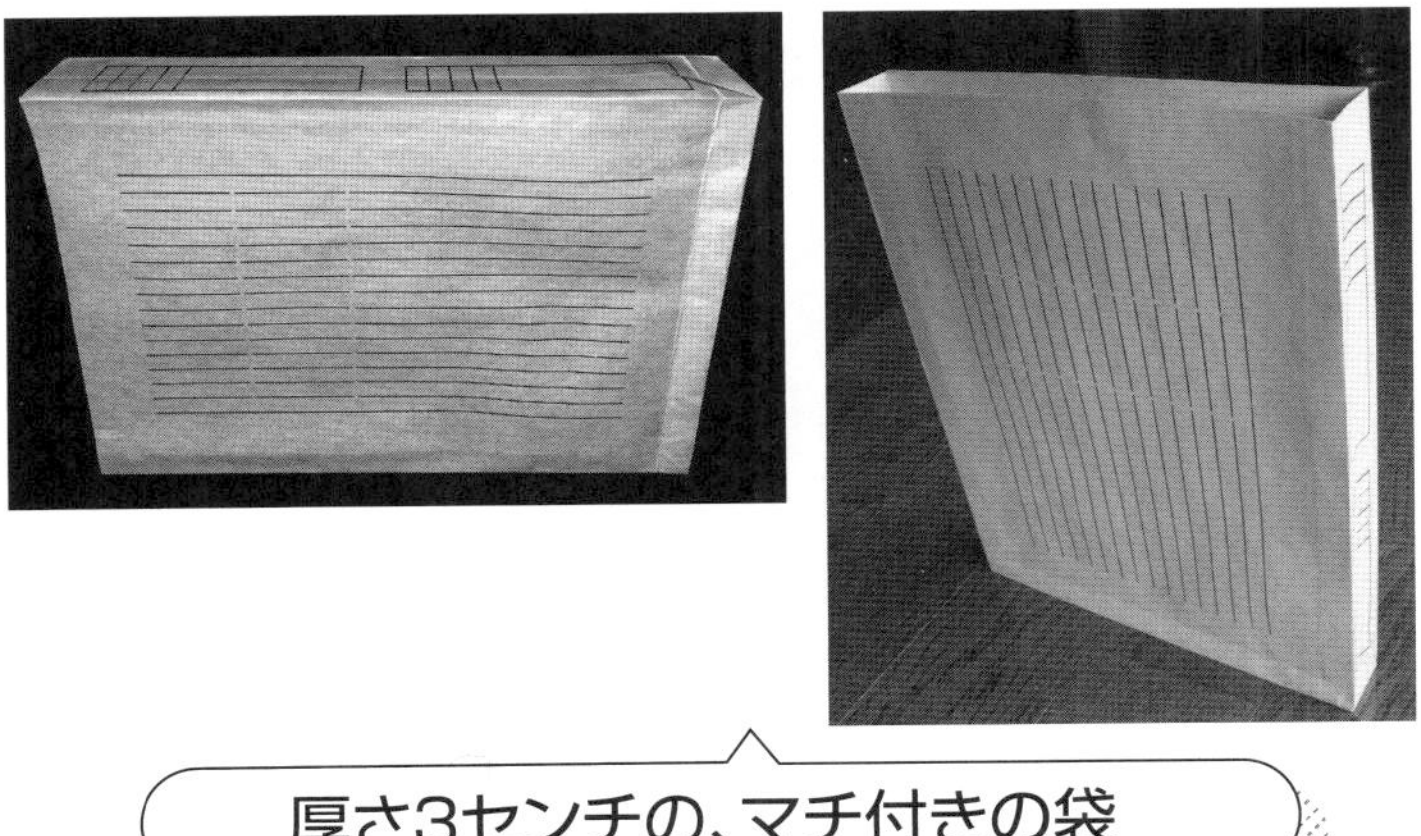

厚さ3センチの、マチ付きの袋

マスに記入して、その横に「整理術」というふうにする。タイトルが「健康法」なら、4つのマスが「ケンコウ」で、その横に「健康法」――といったぐあいだ。

キーワードは外来語などもあるから、カタカナのほうがいいだろう。しかし、別に平仮名でもかまわない。

❖――キーワードはカタカナ（フリガナ）で記入するのが効果的！

WIファイルは、保存するときには50音順に並べる。それには「フリガナ・キーワード」が必要不可欠になる。

日本語の場合、漢字を「50音順」に並べようとすると、漢字ではファイルの前後関係がすぐにはわからない。たとえば、人名で「刑部」「織田」「各川」と漢字だけで記入してあると、50音順にすぐに並べるのは少し手間取る。しかし「オサカベ・刑部」「オダ・織田」「オノガワ・各川」とキーワードが付いていれば、並べるのは簡単だ。

もちろん、検索もスピーディーである。

マス目は4つが理想的である。人名の読み方や、日本語単語の読みは4文字以内が多いので、マス目を4つ設けておくとほとんどの読みがうまく収まる。英文略語も4文字以内が多いので、インデックス先端の４つのマス目が有効だ。たとえば、「ＡＰＥＣ　Asia-Pacific Economic Cooperation」（アジア太平洋経済協力会議）などがうまく収まる。

この「キーワード」の並べ方は、「数字」「アルファベット」「50音」の順がよいだろう。

インデックスのキーワードは4文字で！

たいていの人名や単語は、4文字あればだいたいわかる

オ	サ	カ	ベ	刑部恒男

セ	イ	リ		整理術

欧文も4文字あればほぼOK!

A	P	E	C	Asia-Pacific Economic Cooperation

5 最初に思いついた名前がネーミングのポイント！

❖――最初に浮かんだ名前がベストである

インデックスに書き込むファイル名は、原則として、最初に思いついた名前を付けることだ。**苦労して付けた名前は思い出せない。**

ファイル名は、後日、必要なファイルを検索するときに、「確実に思い出せる名前」でなければならない。ネーミングのときに**最初に思いついた名前は、後で必ず最初に思い出すものである。**

最初に思いついた名前があまり体裁よくないのでは……と、立派な名前を付けると、数年後にそのファイルが必要になったとき、なぜか最初に思いついた名前だけが頭に浮かぶ。苦労してつけた立派な名前は記憶から消えており、ファイルを探し出せない。

ネーミングのポイントは、最初に思いついた名前である。

❖――いくつも項目名が思いついたら、どうするか？

では、最初に2つも3つも思いついたらどうすればいいだろうか。

最初に浮かんだファイル名がベスト!
ファ イ ル　ファイリングの本
最初に思いついた名前を付けること！
すぐ見つかる
ファイルがキーワードだ
ファイル
人間の記憶と最初に思いついたキーワードは結びついている

WI式ファイリングは個人の記憶に頼るシステム。すぐに思い出せるキーワードを付ければ、すぐに見つかる

たとえば、ファイリングに関する資料を収めた封筒に名前を付けるとしよう。ＷＩファイリング、簡単ファイリング、知的ファイリング、と３つも名前が思いついた……。

そのときも安心してその３つの中から、好きな名前を選べばいい。

不思議なことに、数年後にそのファイルを思い出そうとすると、思い出すファイル名は１つでなく、やはり２つ、３つの名前が頭に浮かぶものなのだ。先のケースだと、ＷＩファイリング、簡単ファイリング、知的ファイリング——というふうに思い出す。そのどれかだから、探すのも簡単である。

どれを付けたかは忘れていても、頭に浮かんだその３つの名前でファイルを検索すると、いずれかに必ずファイルが存在する。たった３つのファイル名を探すのは、数分以内だ。最初に思いついた３つの名前の中でなら、どれでも安心して付けよう。

たとえば、購入したＤＶＤレコーダーのマニュアル等を収めるファイルを作るとしよう。「ＤＶＤ」とするか「家電」とするか「マニュアル」とするか迷ったが、とりあえず「家電」と付けた。

後日、そのマニュアルが必要になったとき、どのファイルに入れたかを思い出すとする。

すると、「家電」「マニュアル」「DVD」という名前が思いつくものだ。

ちなみにこのケースの場合、メインインデックスを「家電」にして、サブインデックスに「DVD」とする方法もある。

ファイル名をいくつも思いついたら…

例
DVDレコーダーのマニュアルなどを入れるファイルをつくる

数年後、探そうとすると、なぜかDVD、家電、マニュアル、と思い出す。どれかに必ずある

6 メインインデックスは「見出し」の役目を果たす

❖――まず、メインインデックスで見つける

WIファイルには、1つめの「メインインデックス」と、2つめの「サブインデックス」がある。

メインインデックスは、基本的には「見出し」の役目である。ファイルの中身に対して、「最初に思いついた名前」を「見出し」として記入する。そして、机の上のブックエンドの左端に立てることで、とりあえず整理は自然にスタートするはずだ。

机の上のブックエンドでは、ファイル数が少ないのでメインインデックスはとりあえず「見出し」の役目だけで、すぐに資料が取り出せる。**50音順にしなくても、時系列で並べるだけで、検索は充分にできるはずである。**

メインインデックスは、見出しの役目をする

「最初に思いついた名前」を
「見出し」としてメインインデックスに記入

机の上のブックエンドの左端
に立てておく

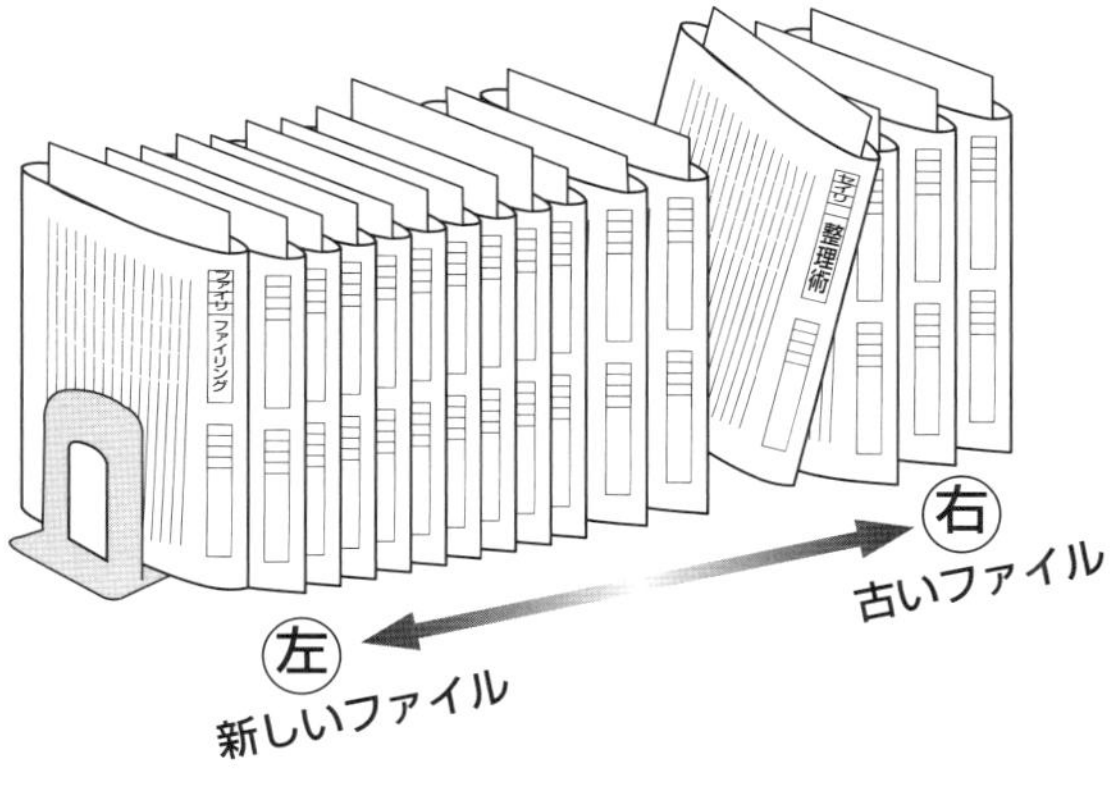

これで整理は自然にスタートする。
古くなったファイル（使わないファイル）
は右端に押し出される

❖──「保存版ファイル」は50音順で！

ブックエンドからあふれた「保存版ファイル」は、キャビネットや本棚に保管する。ここでは、メインインデックスの頭四文字を50音順に並べて保管する。

このメインインデックスによる50音順検索では、保存版ファイルがどんなに大量になっても検索スピードは落ちない。

野口氏の「超」整理法による時間軸検索は、最近使用したファイルなら速やかに検索できる。しかし、「古いファイル」を検索するときは、検索に時間がかかる。

何年ぶりかで必要となったファイルも、一瞬のうちに出てこなければファイリングの意味がない。電話が急にかかってきて、「昔の資料」を見てすぐに対応しなければならないとき、時間軸検索だけでは大慌てになるだろう。

だから「保存版ファイル」は50音順で保存しよう。メインインデックスの「フリガナ見出し」で50音順に並べれば、すぐに検索できる。

そして、ファイルをグルーピングするときに、メインインデックスとサブインデックスを上手に使うのである（⬇次項）

保存するファイルは50音順で！

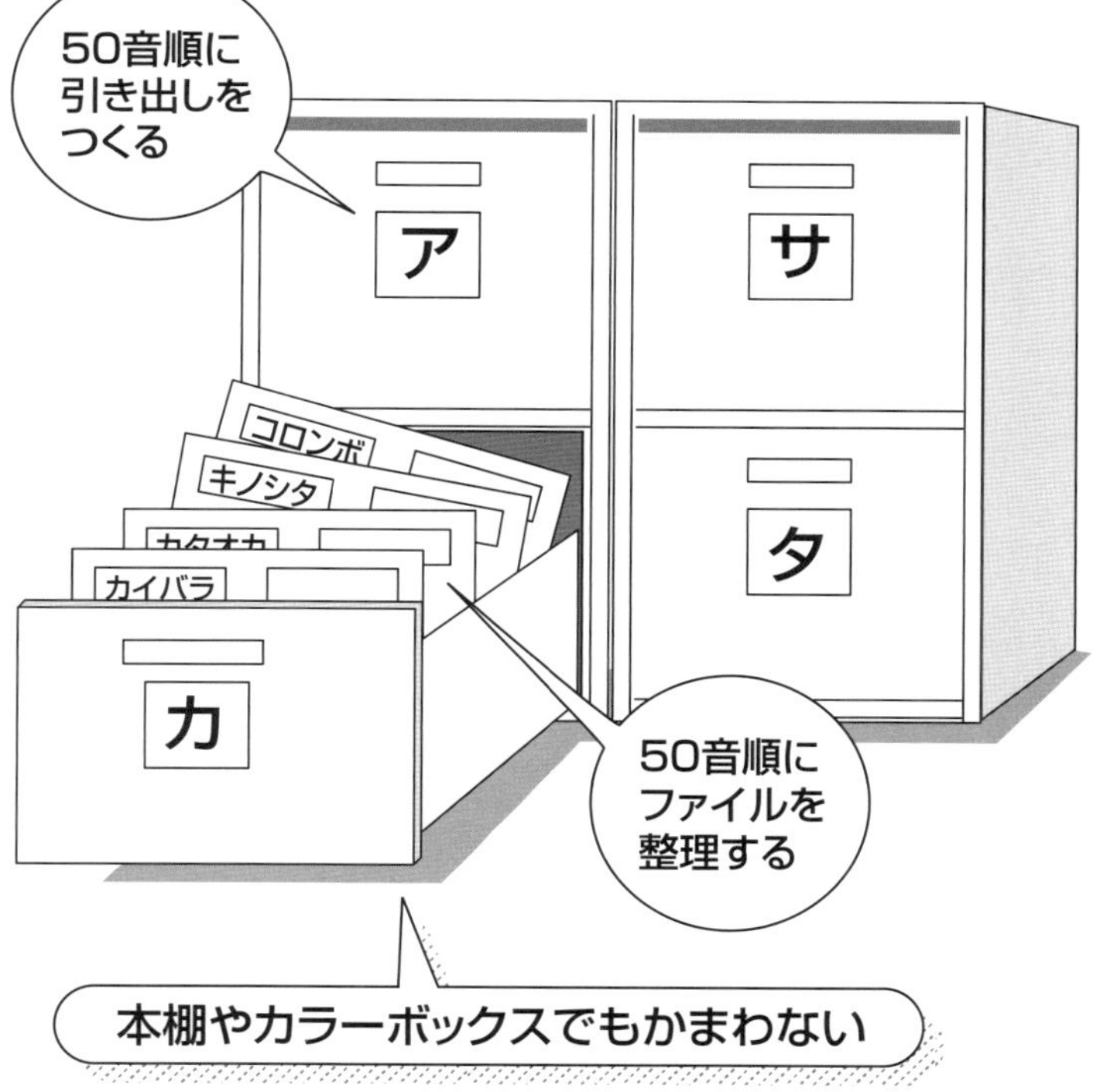

保存するファイルはメインインデックスの見出しで50音順に並べる。これなら、どんなに量が増えてもすぐに見つかる

7 サブインデックスの効果的な使い方は？

❖──サブインデックスを使ってグルーピングする方法

これまでも説明したが、50音順検索の欠点を補い、系統別の分類を可能にするためにサブインデックスがある。

「50音順」は、ひとつのファイルを検索するときにはいいのだが、あるテーマに関連する多くのファイルを一度に取り出すときは、「系統別分類」のほうが便利である。系統別分類だと、関連する資料はまとまっているからだ。だから、あるテーマの仕事をするとき、関連する多数のファイルを簡単に取り出すことができる。

ところがすでに触れたように、50音順では、関連する資料が散在しているので、かえって時間がかかる。仕事が終わってファイルを保管するときも、関連する資料なのに、再び50音順にバラバラに戻さなければならない。

これら、**50音順と系統別分類のメリットを活かし、デメリットを排除するかたちで考案されたのが、「ダブルインデックス」なのである。**

ダブルインデックスを自在に使えるように、具体例をあげて説明してみよう。

アジアの資料を、国別に集めている場合を例に説明する。グループ名はアジア、ファイル名はインド、韓国、中国などである。

では、**ダブルインデックスにタイトルを記入していこう。**それぞれのメインインデックスには、グループ名である共通の「アジア」を記入する。次に、サブインデックスにはそれぞれのファイル名のインド、韓国、中国などを記入していく。

こうして、「アジア　インド」「アジア　韓国」「アジア　中国」と記入されたWファイルができあがる。これらのファイルの中に、それぞれの国の資料を入れていく。

ヨーロッパの国々の場合なら、「ヨーロッパ　イギリス」「ヨーロッパ　イタリア」「ヨーロッパ　フランス」などのファイルができあがることになる。

❖──グループ名を持つファイルと持たないファイルの分け方

ファイルをキャビネットなどで保管するときには、メインインデックスの50音順で行なう。

したがって、50音順の「ア」の場所で「アジア」という「グループ名」のもとにインド、韓国、中国……などが集まる。

他に、「アイデア」というファイルと「アレルギー」というファイルがあれば、その間に「アジア」という何冊かのファイルが入るだろう。

また、「ヨ」の場所で「ヨーロッパ」という「グループ名」のもとにはイギリス、イタリア、フランスがまとまっているはずだ。

こうすれば、関連するファイルをまとめて整理検索することができる。こうして、50音順でありながら系統別分類の長所が活かせるわけである。

一方、グループを持たない単身ファイルは、ファイル名をメインインデックス欄に記入し、サブインデックスは空白でいい。たとえば「南極」などの単身ファイルでは、メインに「南極」と記入して、サブインデックスは空白のままにしておけばいいのである。**なにも、すべてのファイルをグループづけする必要はない。**

こうすれば、単身ファイルもグループ別ファイルと同じように、50音順で一緒に並べて整理・検索ができる。もともと無理な分類をしないので、分類不能ファイルや迷子ファイルに悩まされることもないはずだ。

メインインデックスとサブインデックスの関係

① グループ名を付ける場合

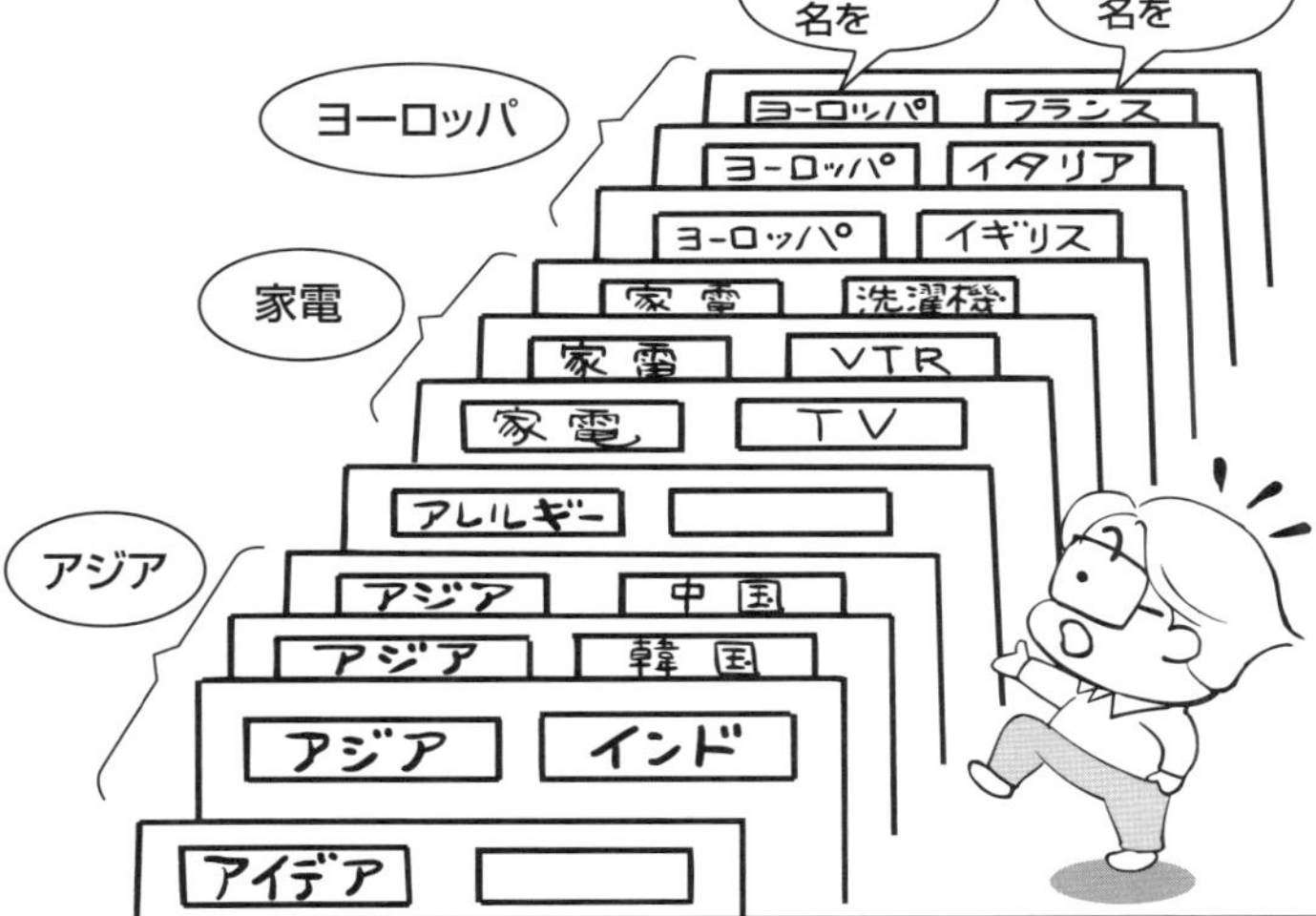

グループ名を付けて、関連資料をグルーピングする。
50音順配列でありながら、あるジャンル（グループ）をまとめて置くことができる（系統別分類効果）

② グループ名を持たない単身ファイルの場合

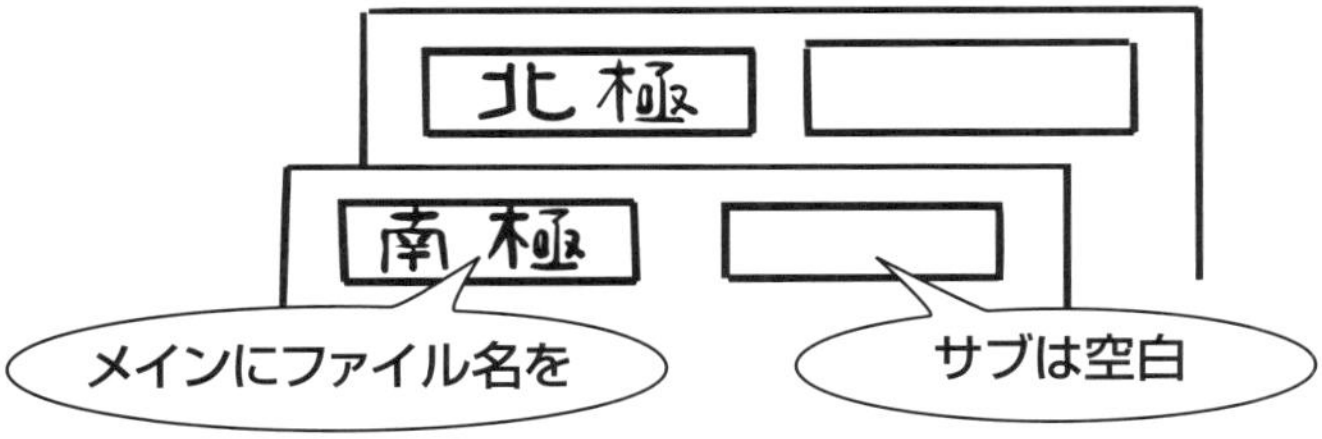

8 いつ、グルーピングするのか？

では、インデックスを付けるとき、グループ名はいつ命名するのがいいのか――。

❖――すでにグループがあるときと、ないときの違い

たとえば、ファイルの中に「韓国」「中国」といった国別のファイルがあるときのことを考えてみよう。国別ファイルの他に「仕事術」とか「民営化」……といったいろいろなファイルがあるだろうから、この段階ではあえてグルーピング（系統化）しない。

つまり、**これまでと違う傾向の資料なら、あえてグルーピングはしないで、単身ファイルにする。そして、メインインデックスにタイトル名を記入する。**そのうち、「インド」「イラン」「バングラデシュ」……といったファイルができてきたら、すでに「韓国」「中国」があるわけだから、「アジア」でグルーピングできる。

もしすでに「アジア」というグループのファイルがあるときには、メインインデックスに「アジア」、サブインデックスに「インド」「イラン」……と書いて、そのグループに入れるだけでいい。「アジア」というグループがないときには新たに「アジア」というグループをつくってメインインデックスに記入し、サブインデックスに「インド」「イラン」……と記入したファイルをつくる。

しかし、最初は「韓国」「中国」だけの単身ファイルだったためグルーピングしていないときに、「イラン」「インドネシア」というファイルができた場合は、「韓国」「中国」インデックスを思い切って書き換える。そして、メインインデックスにグループ名を記入して、単身ファイルのときのタイトル名はサブインデックスに格下げする。

新しくつくったファイルもそのグループ名をメインインデックスに記入し、サブインデックスにタイトル名を記入する。これで、新しいファイルを含めて関連ファイルをメインインデックスのグループ名で一緒にまとめて並べることができる。

また、**これまでに似た傾向のファイルがなくても、これから同じグループのファイルを作成していく予定がある場合は、最初からメインインデックスにグループ名を付ける。**

ひとつ目のＷＩファイルから、メインインデックスにグループ名を記入するわけだ。後日、作成される関連ファイルは、メインインデックスのグループ名で同じ場所に追加していくことになる。

❖——これからＷＩファイルを始める場合

現在あなたのファイル法が「系統別分類」であるときは、ＷＩファイルを導入する時点で、まとめておきたい各グループを「グループ名」として付けておく。それを、メインインデックスに記入すればいいだろう。

分類不能で未整理状態に悩まされていたファイルは、もちろん「グループ名」を付けないでそのままメインインデックスにファイル名を記入すればいい。

また、**「グループファイル」にするか、「単身ファイル」にするか迷った場合はどうすればいいだろうか。**——このときも心配することはない。安心してどちらでも選べばよい。何年かして思い出そうとすると、グループ名と単身名の両方の名前を思い出すものだ。どちらかを探せば必ず見つかる。

このあたりは気にせずアバウトで、自然体でいこう。

単身ファイルをグルーピングするときは?

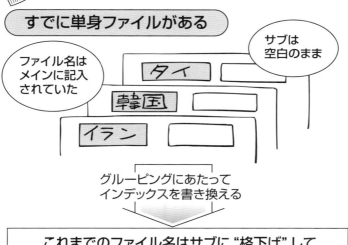

すでに単身ファイルがある

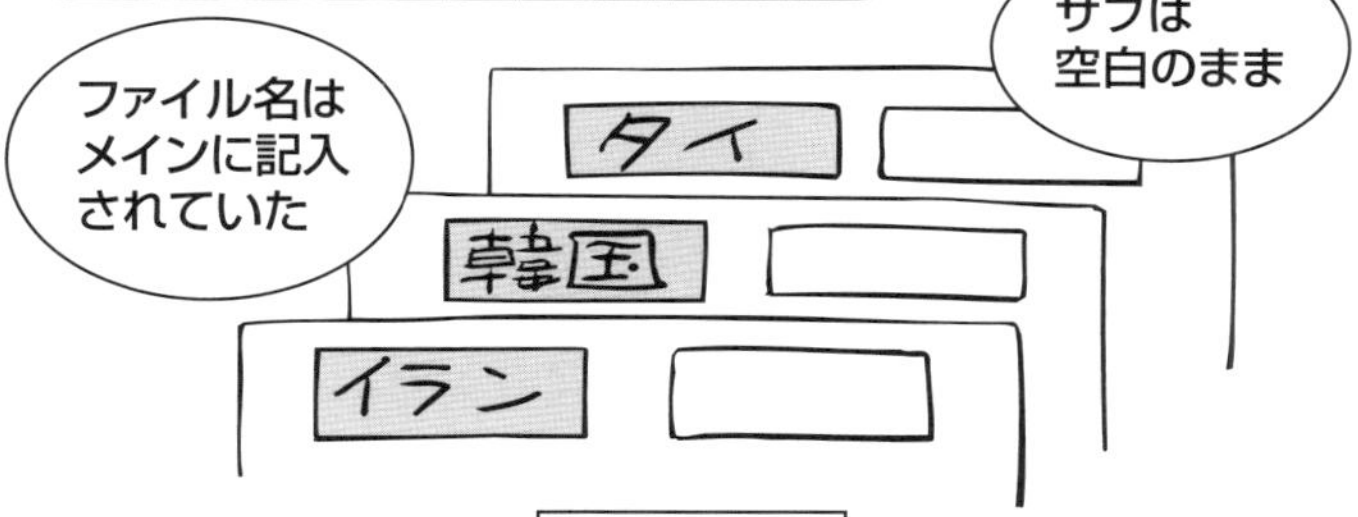

グルーピングにあたって
インデックスを書き換える

**これまでのファイル名はサブに“格下げ”して
メインにはグループ名を記入する**

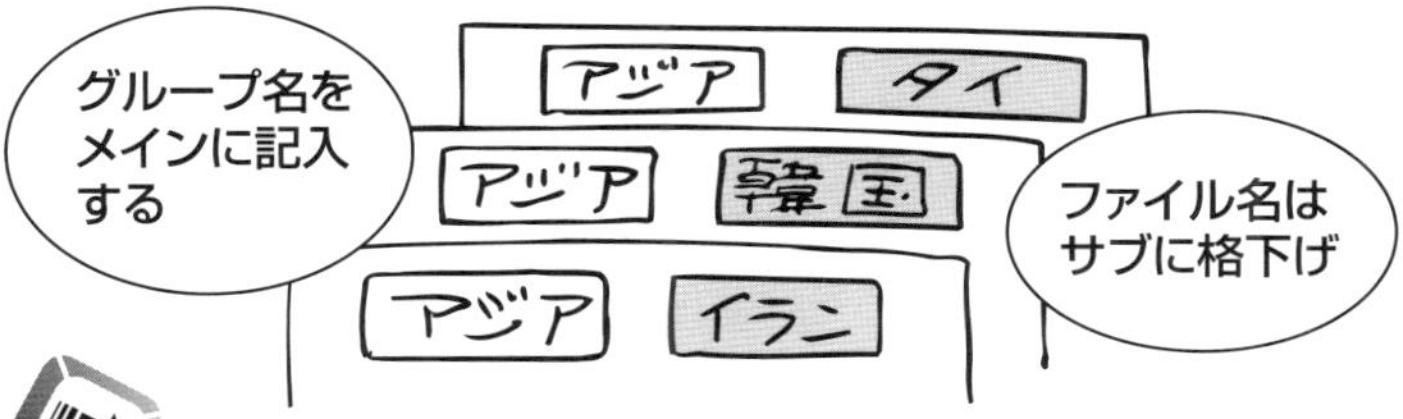

**「グループファイル」にするか「単身ファイル」
にするか迷ったときは、
安心してどちらでも選べばよい**

9 保管スペースを、どうするか？

❖——キャビネットの不要なファイルを捨ててスペースを空ける

さてキャビネットの各引き出しや各本棚に新しいファイルを入れるとき、スペースがない場合がある。そのときは、スペースを空けるため、不要なファイルを捨てていく。

「80対20の法則」で述べたように（⬇P34）、「本当に必要なファイル」は20％である。しかし、「本当に不要なファイル」も、およそ20％なのだ。

この不要ファイルを見つけ出して捨てる。保管されているのは5～10年経った資料だから、必ず要らない資料があるはずだ。

スペースが空いたら、その時点で〝捨てる作業〟は中止である。

保存版ファイルの保管場所は、本棚でもキャビネットでもどちらでもかまわない。本棚と

キャビネットを混在しても問題ない。置けるスペースの問題もあるだろう。個人の好みもある。もちろんコスト面も考えなければいけない。

私は、大学病院勤務時代は4段キャビネット2台と、スペースが少なくてすむ安価なスチール本棚2台を使用していた。クリニックを開業して新築したときに、男の城である念願の書斎に4段キャビネット7台を設置して、快適なシステムが完成した。

❖――カラーボックスもお薦めです!

これからファイリングを始めるときには、カラーボックスがお薦めだ。好みの色が選べ、安いし簡単だ。

山根式袋ファイリングを愛用している垣添始氏が『「知」の便利フォーム術』(すばる舎、2003年)で、スチール棚の代わりに合板で作られたカラーボックスを工夫すると便利であると言っている。

カラーボックスをそのまま立てて使うと、棚の耐久力が非常に弱いが、横に倒して使うと強度も増し、棚板が間仕切りになって袋ファイルが倒れにくくなる。奥行きもあるので収まり具合が良い。2段3段と重ねられるし、色、レイアウト、追加も自由自在である。これからファイリングシステムを構築する人にはお薦めだろう。

保管場所は1個所がいいか、複数個所がいいか？

ところで、保存版ファイルの置き場所は1個所がよいか、複数個所がよいのだろうか。

結論から言うと、**複数個所のほうが空間的にも時間的にも効率的だ。**ただし、それぞれの保管場所の性格をはっきりさせておく必要がある。つまり、同じ分野の資料を複数の場所に分散させることは避けなければならないのだ。

ファイルを1個所に保管する場合と、複数個所に保管場所を設ける場合には、それぞれの長所と短所がある。

1個所に限定して保管すれば、目的のファイルは必ずその場所にあるはずだから、1個所だけを探せばよい。そこになければ、そのファイルはすでに破棄されたものとしてあきらめ、ほかを探す必要がない。

複数個所に保管場所がある場合は、ほかの場所にもある可能性があり、いつまでも検索が終わらない可能性もある。しかし、**それぞれの保管場所の性格がはっきりしていれば、複数**

保存場所は1個所か複数個所か?

ファイル数が少ない場合

↓

1個所のほうがよい

ある程度、増えてくると

↓

分けたほうがよい

ただし、保管場所の性格をはっきりさせておくことが大切！

個所でも迷うことはほとんどない。たとえば、仕事用とプライベートは保管場所を分けておけばよいのである。逆にそのほうがスッキリすることもある。

❖──複数個所で保管するほうが分類もできて探しやすい

私は、複数の個所に保管するほうが便利だと思っている。

仕事に関する性格のファイルは、仕事場のキャビネットに入れておけば、仕事場ですぐに検索できる。一方、家庭に関するファイル（家庭電気製品の説明書・保証書、貯金通帳等）は、家庭の本棚に保管しておけば、家庭ですぐに検索できる。

仕事のファイルと家庭的なファイルを、一緒の場所にしておくのは無理がある。

さらに、同じ仕事場のキャビネットでも、自分が仕事としている「専門分野」のファイルと「一般分野」のファイルは、保管場所を区別したほうが検索しやすいだろう。

私の書斎のキャビネットでは、「医学分野」「医師会関係」「人脈関係」「出版関係」「パソコン関係」、その他の「一般・教養・雑分野」に大きく場所を区分して、それぞれを50音順に並べてある。ただ、私はキャビネットを7台持っているが、普通は1、2台だろう。両袖

ファイルが多くなれば、分野別に分けてもよい

ファイル数が増えたら…

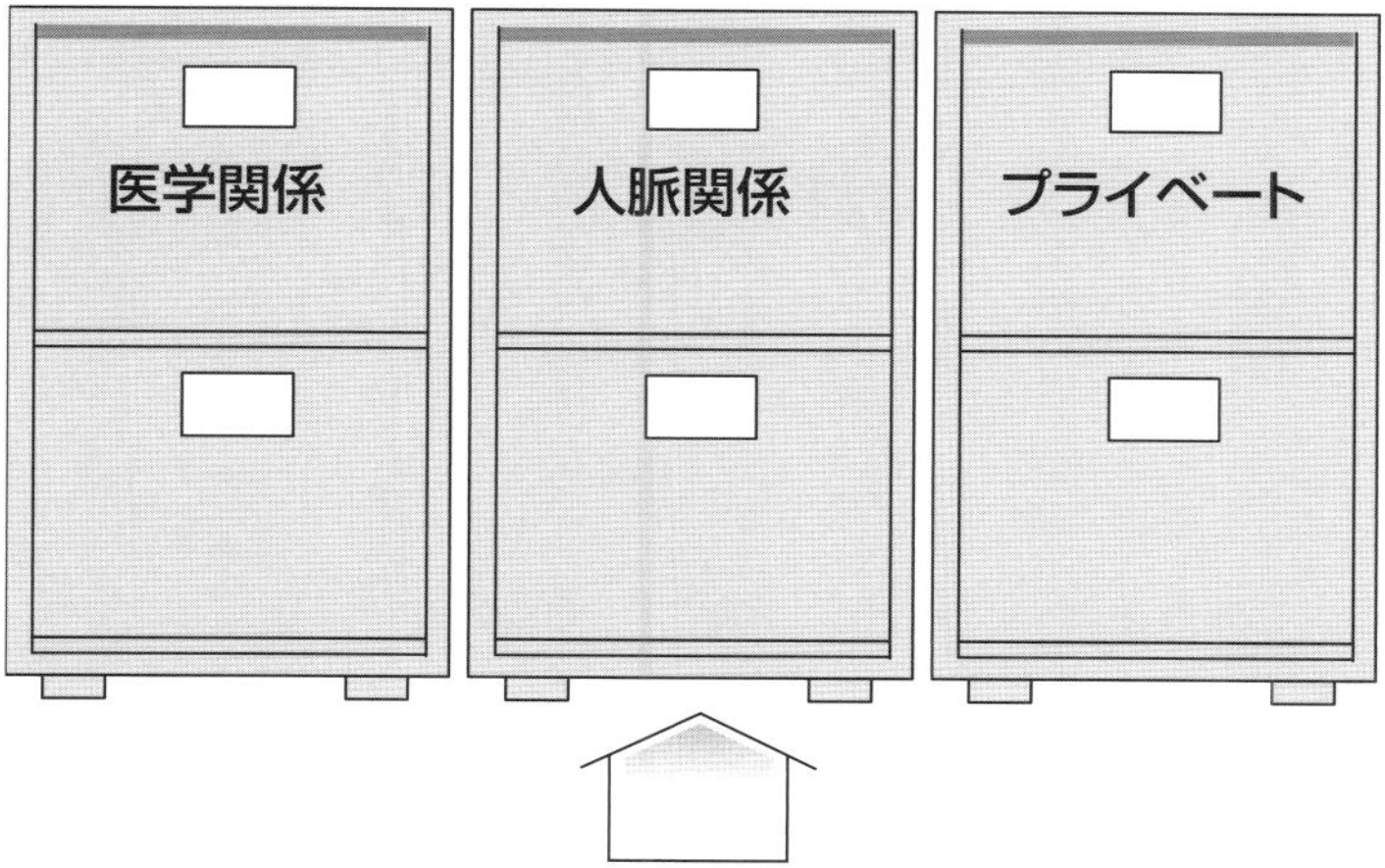

というように大きく分類して
それぞれを50音順に並べる

ただし、あまり細かく分類すると、どの
保管場所を見ればいいか迷ってしまう

机の左右、一番下だけ、というケースも多いと思う。それぐらいなら分野別にしないほうが効率的だろう。

もちろん、キャビネットにこだわることはない。本棚や資料棚にＷＩファイルを保管するスペースをつくり、キャビネット代わりにしてもよい。

要はファイルの数、保管スペースとも関連するのである。

なお、**あまり細かく区分してはいけない。そうなると、どの保管場所を探すべきか迷ってしまう。**あくまでも、「医学分野」「人脈関係」「パソコン関係」のように、〝ほかと明らかに性格が異なる特別の集団〟のみを独立させよう。

それ以外は、一括して管理すべきである。

PART 4

WIファイルの基本的な使い方

コクヨの新型ファイルも活用し、
自作のWIファイルと併用することで
さらにバージョンアップ！

1 ファイリングは「見た目」の美しさも大事である

❖──コクヨの新型ファイルも利用できる！

いわば「刑部式ＷＩファイリングシステム」の流れは、おおよそつかめたと思う。次はその実践編である。ＷＩファイルを実際に使ってみよう。

封筒ファイリングというと、使い古しの封筒でもいいのでは、と思われるかもしれない。しかし**ファイリングは、見た目に整然としていることも大切な要素だ。**私はコクヨの新型ファイルが発売されるまで、個人的にＷＩファイルを印刷所に発注してつくってきたことは前述したが、５０００冊のＷＩファイルはすべて同じ袋なのできれいである。

このあたりは本人の美意識も関係するので一概には言えないが、同じファイルが整然と並ぶ姿は、整理したという達成感があって良いものだ。

私の机の上とキャビネット

取り出したファイルは必ず「左端」にしまう

4段キャビネットを7台。保管はここで！

**本棚やカラーボックスでもかまわない。
予算やスペースと相談して決めよう！**

❖――コクヨの新型ファイルを使ってみる

コクヨの商品本部に、私のＷＩファイルに強い関心を抱いている人がいた。その方とお話ししている流れで、同社の新製品ファイルに私のＷＩファイルの機能を〝加味〟しては……ということになった。

コクヨの新しいファイルは、私の紙製袋ファイルとは違うものだが、私のＷＩファイルにも充分に応用できる、最適のツールでもある。

商品名は、グルーピングホルダー〈KaTaSu〉（ポケットタイプ）である（以下ＧＰホルダーと略す）。また146ページでも触れるが、グルーピングホルダー〈KaTaSu〉（ポケットタイプ・ワイドマチ付き）がある（以下ＧＰホルダー・ワイドと略す）。

コクヨのＧＰホルダーは、私が今まで使用してきた紙製ファイルではなく、**ポリプロピレン（以下ＰＰと略す）製で透明性と耐久性のあるものだ。私はこれを、続けてきたＷＩファイルに活用しようと思った。**

ＰＰ素材の持つ透明性と耐久性は、私が愛用してきたＷＩファイルにさまざまな応用と広がりを与えてくれる。美しさもあり、とても楽しみである。

コクヨのグルーピングホルダー

★PP製薄型ファイル（コクヨ製）

商品名：グルーピングホルダー〈KaTaSu〉（ポケットタイプ）

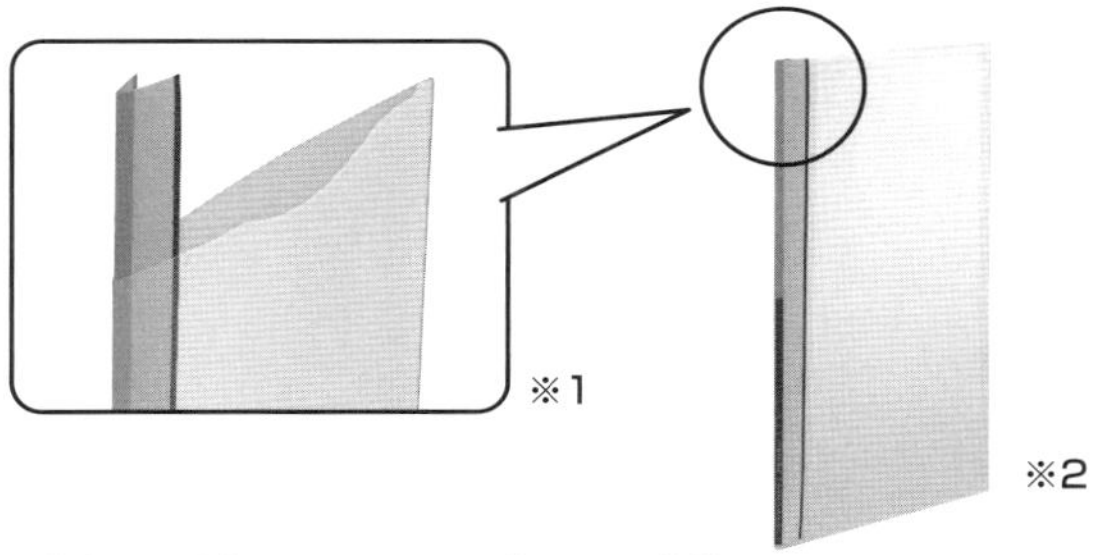

★PP製マチ付きファイル（コクヨ製）

商品名：グルーピングホルダー〈KaTaSu〉（ポケットタイプ・ワイドマチ付き）

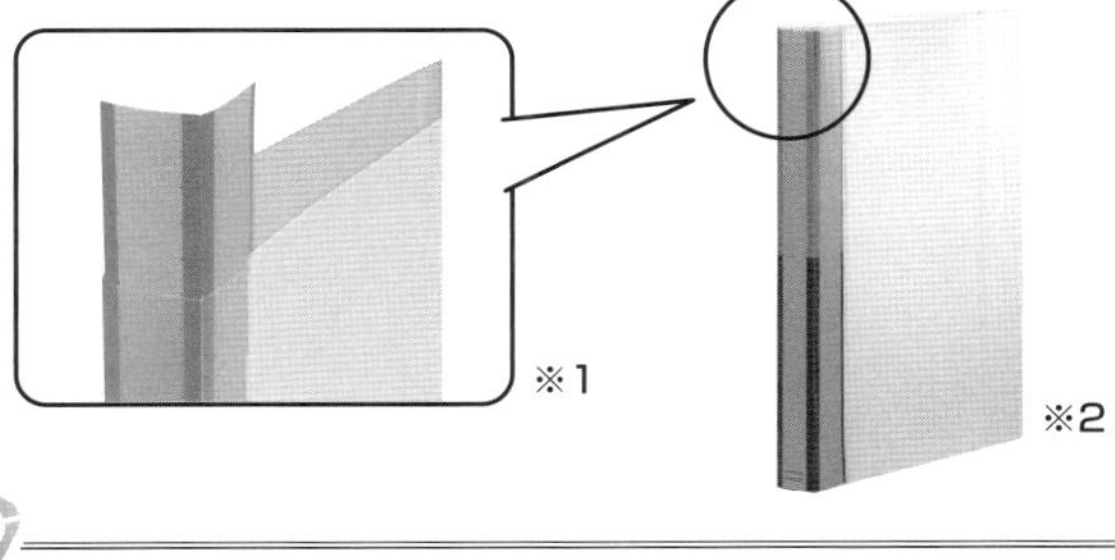

- 紙製袋ファイルと同様に、書類やDVDなどの記録メディアを上から入れる袋ファイル仕様。
- タイトルを書ける交換可能な背見出し紙付き。※1
- 背見出し紙が2分割されているので、WIファイルとして使用可能。※2

私が現在の膨大な紙製ＷＩファイルをコクヨＧＰホルダーに置き換えるのは大変だが、これからファイリングシステムをつくろうという人は、コクヨＧＰホルダーを使って、ＷＩファイルシステムを構築することを考えてもいいだろう。

❖──そもそも、WIファイルの特徴とは？

ではもう一度、私が考案し、愛用してきたＷＩファイルの特徴をあげてみよう。

①規格を統一できる

事務用紙はＡ４かＢ５である。ＷＩファイルは、これらがすっぽり入る。もちろんメモなども放り込める。また、サイズの違う書類や切り抜きも、同じ大きさの封筒に入れることで統一感も生まれる。

②文具店ですぐに手に入れやすい

大手文具会社のコクヨ製品を使うにせよ、普通のＡ４が入る角形２号封筒を使うにせよ、日本全国の文具店で簡単に入手できる。

WI袋ファイルの特徴とは?

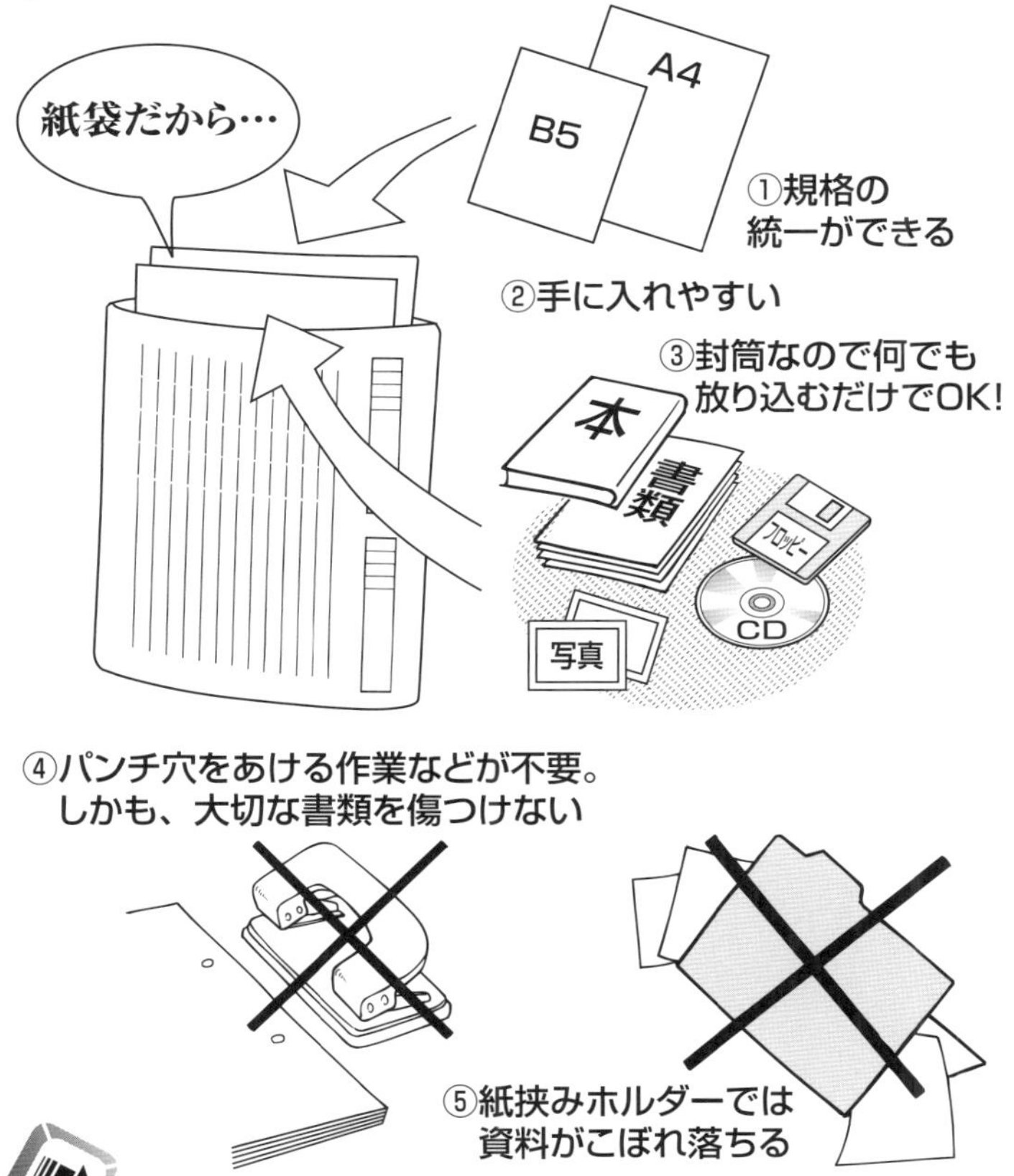

角形2号封筒は、A4の用紙がすっぽり入り、しかも安価。収納は「放り込む」だけ!

③どんな形態でも収納可能

書類に限らず、雑誌、ＣＤ-ＲＯＭ、ＤＶＤ、ブルーレイ、ＵＳＢメモリ、ＳＤメモリなど、ほとんどのものが関連事項と一緒に保管できる。パソコンソフトをパッケージで購入した場合などは、パッケージの重要部分を切り取り、ＣＤと一緒に入れる。

④面倒な編集作業が必要ない

ただＷＩファイルに放り込めばいいので、切り張り、糊付け、パンチ穴あけ作業等の必要がない。しかも大切な書類を傷つけない。

⑤封筒型なので資料が滑り落ちない

紙挟み式ホルダーでは、持ち運ぶときに資料が両脇から滑り落ちる。しかし封筒なので滑り落ちることもない。

⑥ＷＩファイルの厚さが資料に合わせて変化する

かなり厚手のモノを入れても、ＷＩファイルが自由に変化して対応する。少ないときは薄くなるので保管スペースが必要最小限ですむ。

WI式袋ファイルの特徴は、まだまだある！

⑥ファイルの厚さが資料の量に
合わせて変化する

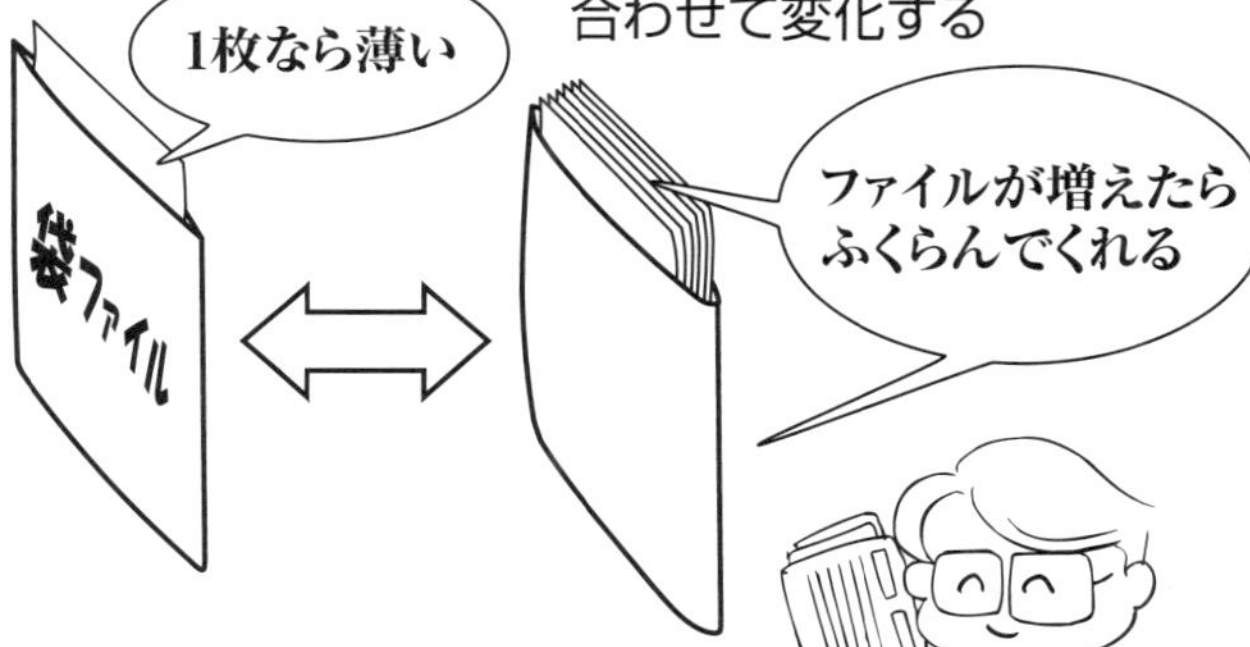

⑦やりかけの仕事をそのまま
「封筒ファイル」の中に放り込み
どんな場所にも持ち歩ける

⑧タテヨコ自由に置け
保管場所を選ばない

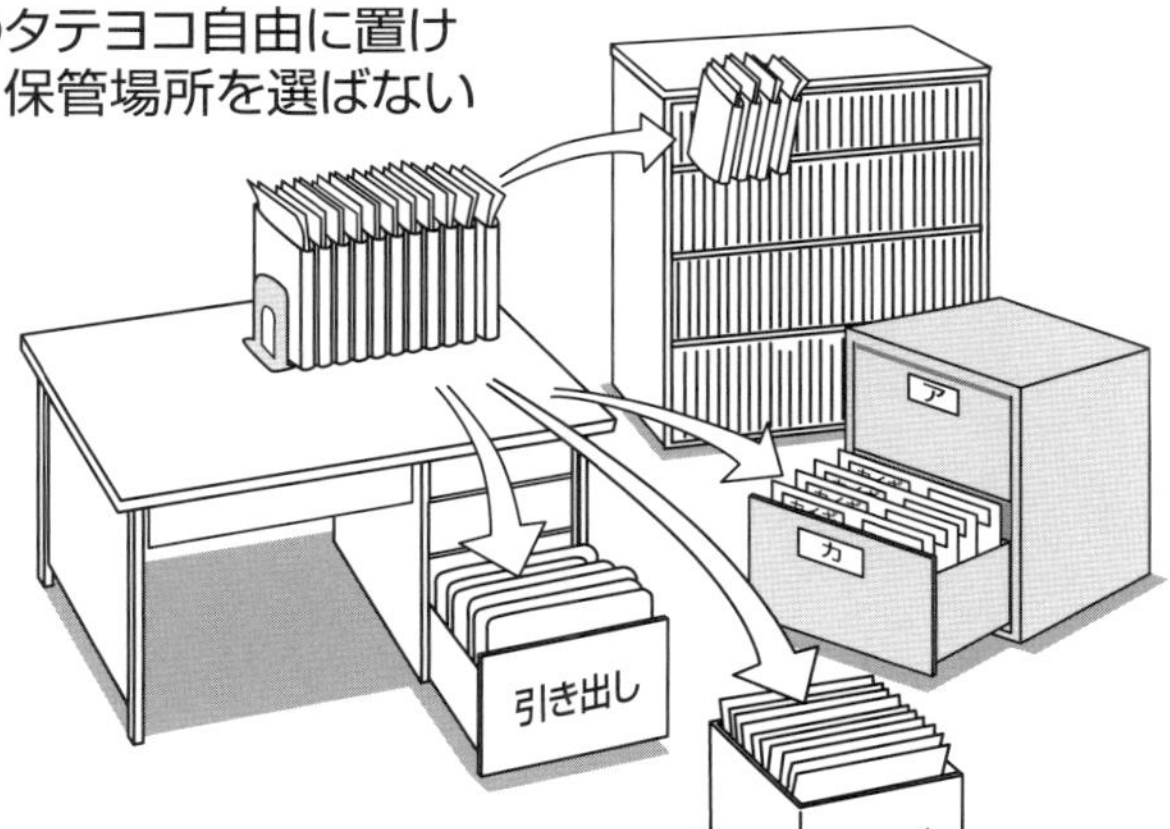

⑦携帯性にすぐれている

やりかけの仕事をそのままＷＩファイルに放り込めば、どんな場所へも携帯できる。

⑧タテヨコ自由に置け保管場所を選ばない

ブックエンド、ファイルボックス、本棚、キャビネット、段ボール箱、カラーボックスなどを使い、タテヨコ自由に整理できる。

要するに、散らばっている資料を袋ファイルにファイリングしていくだけでいい。基本は、**テーマ単位**、**企画単位**、**仕事単位**で資料をファイルの中に放り込んでパッケージすることだ。このことは98ページでも述べた通りである。

❖――仕事単位でファイリングする最大のメリット

一度使った資料を探すとき、どのファイルにあるかを確実に思い出せる方法がある。それは「あの資料はあの仕事をしたときに使った」という記憶を活用する方法だ。

一度自分が使った資料などは、仕事単位のファイルなら確実に探し出せる。

仕事単位にまとめておけば、今まで関係のなかったさまざまな資料も、ひとつのテーマに集められる。その結果、いくつかのファイルが「ファミリー」の意味を持つ。

たとえば、S商事の仕事を担当する。会社パンフレット、商品カタログ、担当者の名刺、商品見積書などすべてを、ひとつのファイルに管理する。後で、S商事の商品カタログが必要となったとき、「S商事」というファイルから見つけ出せるはずだ。

仕事単位でパッケージする

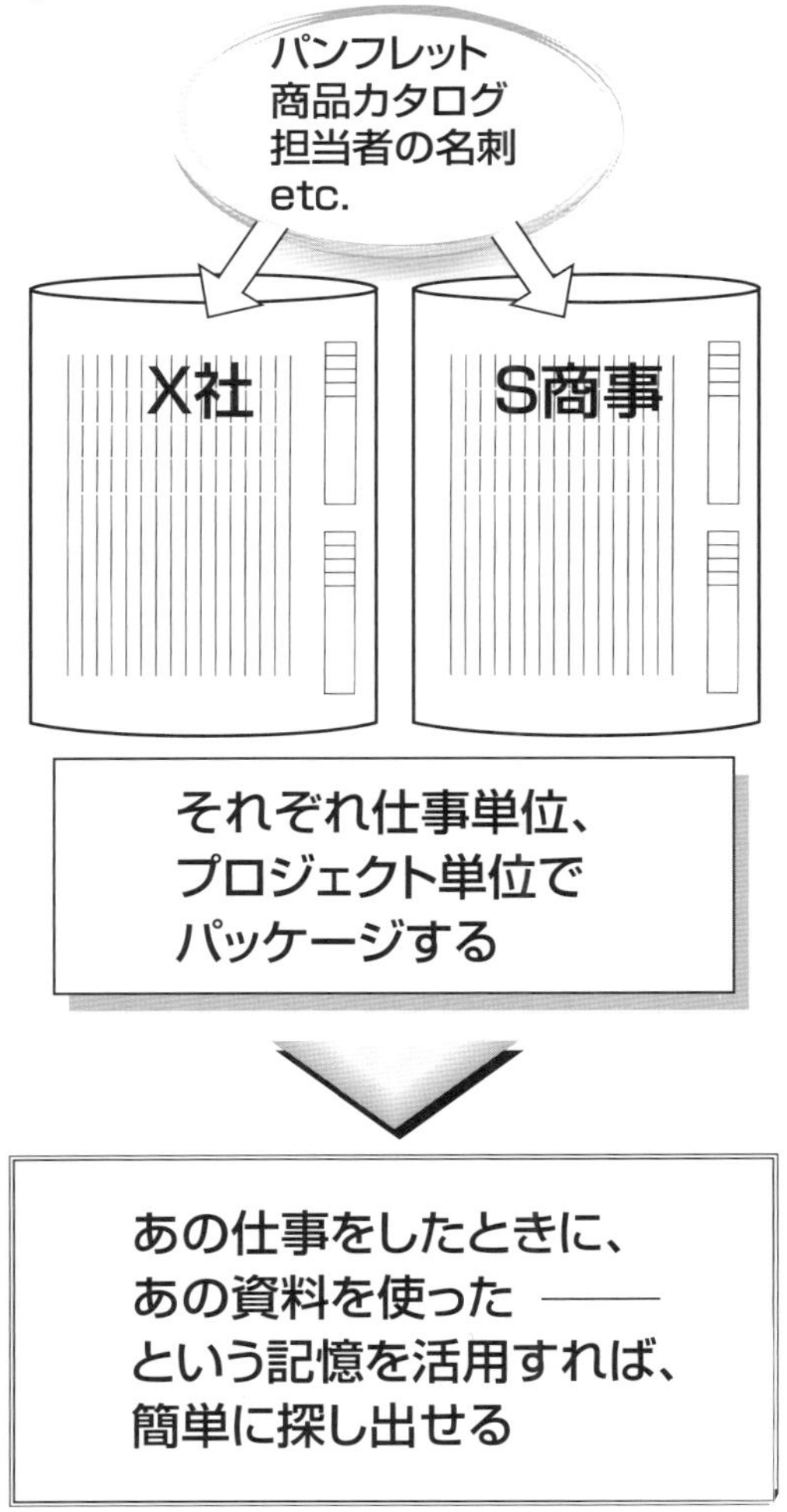

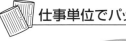

2

ファイルの中はクリアーホルダーで細分化する

❖――WIファイルの中をクリアーホルダーで小分けする

たとえば、ひとつの研究テーマから論文を作成するとき、文献資料、実験データ、写真CD-R、学会発表用原稿プリントアウト、研究成果の学術論文等の膨大な資料をまとめておかなければいけない。また、あるプロジェクトに関する仕事をしているときも、パンフレット、CD-R、DVD、関連データなどさまざまな資料が集まる。

これらはひとまとめにしてファイルするのが基本であることは、142ページでも述べた。

しかしいろいろなものをWIファイルにそのまま放り込むと、再び仕事を始めようとしてWIファイルから出したとき、机の上はバラバラになった資料が出てくる。これではスムーズに仕事を始められないこともある。

そこで、文献関係、データ関係、原稿などに大きくまとめておいたほうが便利だ。**「クリアーホルダー」（A4版）にそれぞれを「小分け」しておけばいいだろう。**

クリアーホルダーは脇から資料がこぼれやすいのだが、そのぶん出し入れが簡単だ。しかも透明なので中に入っているものがわかる。大ざっぱにまとめる方法としては最適だろう。

ファイルの中をクリアーホルダーで区分け

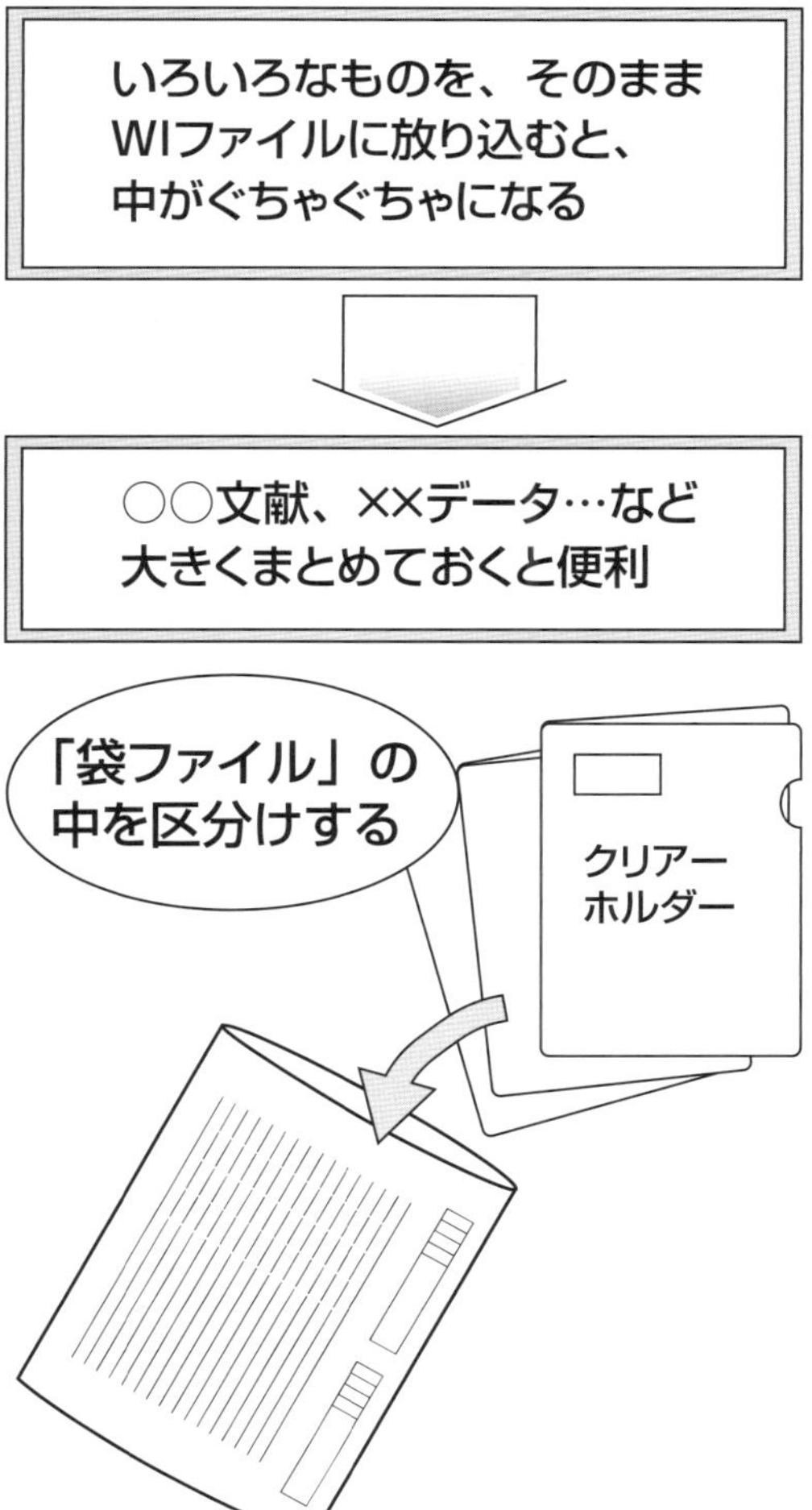
いろいろなものを、そのまま
WIファイルに放り込むと、
中がぐちゃぐちゃになる
○○文献、××データ…など
大きくまとめておくと便利
「袋ファイル」の
中を区分けする
クリアー
ホルダー

❖──クリアーホルダーにラベルを貼る

項目の記入には、ラベルを貼る。きれいにはがせるタイプの「マイタックラベル・リムカ」（ニチバン）を使えば、クリアーホルダーを再利用することもできる。

机の上で仕事しているときも、さまざまな資料をクリアーホルダーで大まかにまとめておくと仕事がはかどる。仕事が一段落したらそれぞれのクリアーホルダーに入れたままの状態で、ＷＩファイルに放り込んでしまえばよいのである。

次回、仕事を再開するときは、すぐに元の仕事の状態から始めることができる。最終的に仕事が完成したとき、すでにＷＩファイルの中もスッキリと細分化され、保存のための整理が終了していることになる。

❖──コクヨのグルーピングホルダーのマチ付きも、使える！

大量の資料を１つの封筒に入れたい場合は、マチ付き封筒が便利だ。いろんなモノが１つの袋の中に収まる。厚さは３センチほどあるので、単行本なども充分に入る。

ひとつの研究テーマに関する資料を薄手のＷＩファイルに入りきらないという理由で、別々のＷＩファイルに分けて入れると、さまざまな不都合が生じる。

まず、机の上での仕事中は、関連する数冊のWIファイルの中身をすべて取り出して机の上に広げておく必要がある。たとえば「アジア」関係の仕事をしていて、「韓国」と「中国」のファイルを広げるような場合だ。

こうなると仕事中も資料が混乱するし、再びそれぞれの袋に戻すときに煩雑になってしま

クリアーホルダーの使い方

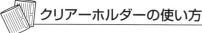

う。それぞれの中身も誤入されやすくなるだろう。いったん資料が誤入されると、探し出すのにかなり手間がかかる。

同じテーマでの細分化は、できるだけ1つのWIファイルの中で行なうこと。1つの袋の中のクリアーホルダーでゴチャゴチャになったとしても、相当分厚い資料でもすぐに見つけ出すことができる。

とくに、**分厚い資料を収めるためには、このマチ付きファイルを使うといい。**そうすれば、仕事単位の資料が大量でも、1つのWIファイルでの収納が可能となり、WIファイルの効力を発揮することができる。

マチ付きファイルとクリアーホルダーを使えば、大量の資料類もきれいに分類整理することができる。

私自身は、ずっと紙製のマチ付きファイルを特注してきたが、前述のように、コクヨから**PP製のマチ付きファイルが商品化され、簡単に入手できるようになった。**

これは大いに活用できると思う。

「マチ付き」ファイルの使い方

資料が多い場合や雑誌などを入れる
ときは、このマチ付きファイルを使う

私は特注しているが、角形2号封筒より
ひと回り大きい角形1号封筒も代用できる。
また、コクヨ製グルーピングホルダーの
ポケットタイプ・ワイドマチ付きも
大いに活用できる（→P136、146）

3

ＷＩファイルは「情報カード」にもなる

❖──大型情報カードにさまざまなデータを書き込む

愛用しているＷＩファイルには、表面に罫線がある。たとえばＡ社との「Ｂプロジェクト」をファイリングする──。情報カードにＡ社の連絡先、担当者、電話番号などを書いておけば、連絡がスムーズだ。さらに、ファイル内に入っている資料の概略を書いておけば中身を見なくても企画内容を簡単に把握できる。

情報カードには罫線が工夫され、ＷＩファイルは情報カードそのものになる。そこで情報カードのサンプルを掲載しよう。このサンプルを、コピー機で封筒表面に２７０％拡大に設定してコピーすれば、大型情報カード付きＷＩ式ファイルが完成する。

「コピー法」で封筒が大型情報カードになる

このページをコピーし、原図を外枠にそって切り抜く。それを角2封筒へコピーするときは270%拡大に設定する。封筒は底を先頭にして、手差しから挿入する。

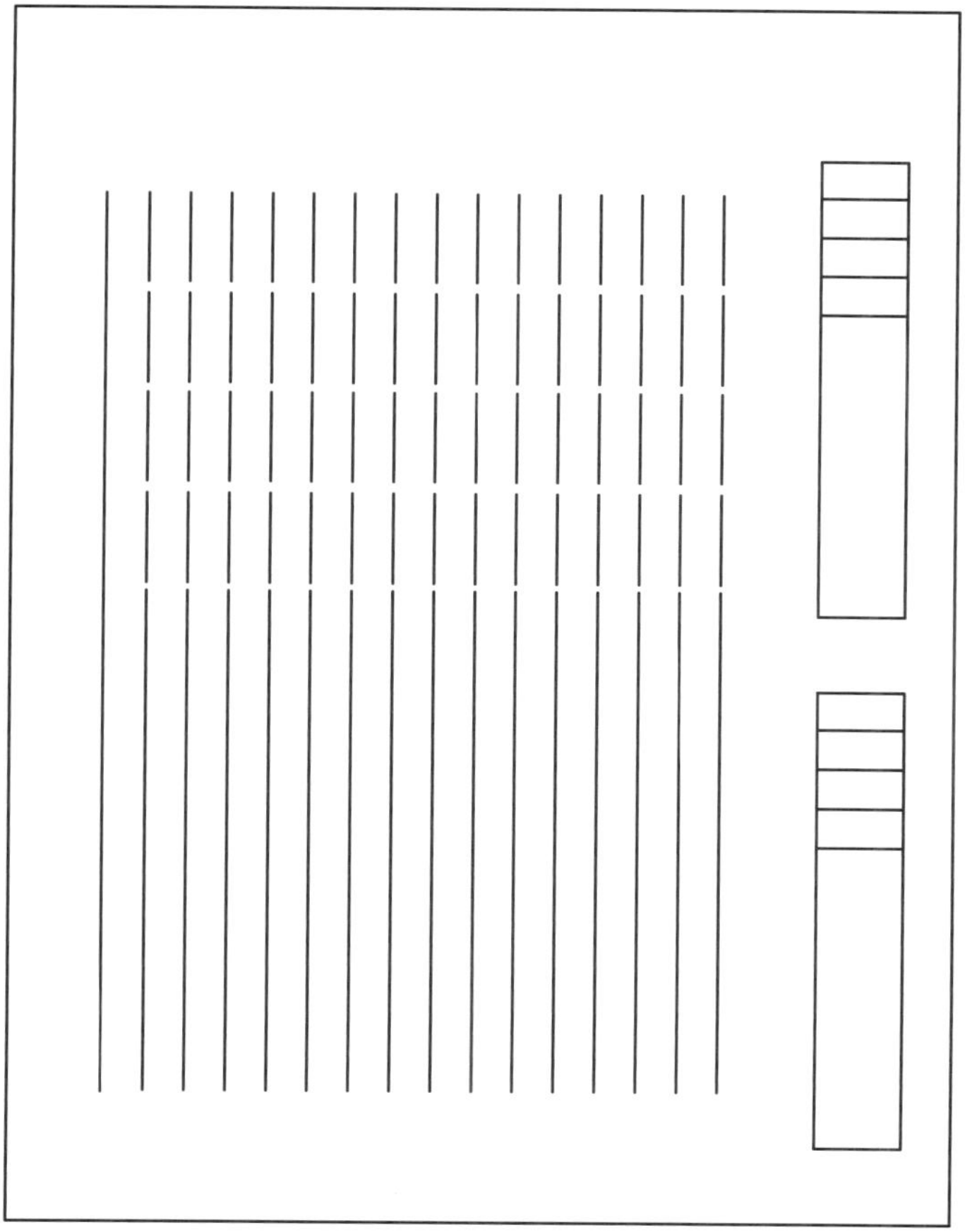

知人の一人は、ここにプロジェクトなどの進捗具合を簡単にメモしている。「何月何日にこういうことをした」と書いておくわけだ。

Ａ４なのでかなりのことが書け、うまく使えば非常に便利である。

しかしコクヨのＰＰ製ＧＰホルダーは透明で表面に汎用インデックスはあるが、「ＷＩ式」のような罫線はない。そこで１枚目にこのあと説明するＷＩ式大型情報カード（ＷＩ式インデックスもある）を入れて、ファイル内の資料内容やメモを記入することになる。

❖——コクヨホームページの「ＷＩファイル特設コーナー」を活用しよう

ＧＰホルダーを、ＷＩファイルとして使うにはどうするか——。

まずコクヨのホームページの中の「ＷＩ特設コーナー」にアクセスすれば、「ＷＩ式大型情報カード」（Ａ４版）を簡単にダウンロードできる。

さらに、**このＷＩ特設コーナーからＷＩファイル専用のＷＩ式インデックスもダウンロードできる**。このインデックスの先頭にはフリガナ・キーワードが記入可能な４つのマスが設けられているので、本来のＷＩファイルの使い方ができる。ネーミングの変更やファイルのリサイクルのとき、このオリジナルインデックスを差し替えるだけでよい。

コクヨのホームページからダウンロードする方法

コクヨHP

↓

HP内の検索窓に　WI　と入力

↓

〈KaTaSu〉内の「WIコーナー」へ

↓

「WI式大型情報カード」と「WI式インデックス」

がダウンロードできる！

ぜひ活用してほしい。

❖大型情報カードとして、こう使う

では、ＷＩファイルを情報カードとして利用するときのポイントをまとめてみよう。

①「メモ」や「まとめ」として活用する。

つまり通常の情報カードのように、その仕事に関する「メモ」や「まとめ」を書く。

②ファイルに収めた資料をリストアップして表面に明記しておく。

こうしておけば、いちいち資料を出して確認する必要がない。

③ファイル内資料の一部を他のファイルに移動した場合に、覚え書きを記入しておく。

あるファイルにしまってあった資料を別のファイルに移した後、資料が見つからなくて困るということがよくある。

脳内の記憶は、最初に入れていた古いファイル名が記憶として最も強く定着するから、資

料の移動をした場合は、移動した先のファイルはなかなか思い出せない。最初に入れてあったファイルばかりが思い出される。

そこで、忘れずに**「資料移動覚え書き」をファイル表面に書いておく習慣をつけよう。こうすることにより、資料の迷子がなくなる。**

封筒表面に、封筒の中身などを記入！

①メモやまとめ、たとえばA社の資料ならA社の電話番号、連絡先、仕事を始めた時期などを記入しておく

②ファイルの中の資料をリストアップして表面に明記しておく

③ファイルの中の資料を他のファイルに移動したとき、覚え書きをしておけば資料がなくならない

4 手づくりＷＩファイルならコストがゼロ！

❖——角形2号封筒は1枚5円程度

紙製のＷＩファイルを実際につくってみよう。手づくりである。

私自身がＷＩファイルを始めた時は「角形2号」事務用封筒（縦33センチ・横24センチ）から手づくりした封筒型ファイルを採用していた。1枚わずか5円程度なので、５００円の投資で１００枚のファイルが手に入り、机上の資料の山はあっという間に整理できた。

多くの紙資料は「角形2号」事務用封筒に入れられた状態で送られてくる。それなら、その角2封筒をそのまま加工して「ＷＩファイル」として使用すればコストはゼロになる。しかも、その封筒はその会社の独自のカラーやデザインが施されていて他の封筒と区別しやすい。会社名や住所、電話、ＦＡＸ番号の情報が表面に印刷されていて、それ自体がそのファイルの大切な情報源になっている。

私の場合、郵便受けに毎週来る目立つ緑色の角２封筒は、一見して医師会の資料だとわかる。その封筒をそのままＷＩファイルにすると他のファイルと区別しやすいので便利である。大量のファイルになるが、こうした資料は時系列に立てて並べるだけなので整理は簡単だし、コストはゼロである。

コストゼロのファイリングだから、時間が過ぎて不要になったら気がねせずにファイルごと捨てられる。こうした資料は手づくりＷＩファイルで充分である。

❖──とりあえず「簡易記入法」で始めよう

角形２号封筒の右端に、サインペンでタイトルを記入すれば最もシンプルな「ＷＩファイル」のできあがりである。費用をかけないでとりあえず、ＷＩファイルを始めたい人はこの「簡易記入法」で始めてみよう。

しかし本棚だけで整理する人はこの方法でも充分だが、キャビネットなどでヨコ置き保管を考えている人は、上端のカッティングが必要になる。

角形2号封筒の上端から2センチのところをカッターナイフで切り落として、封筒の高さを31センチに統一する。

これはキャビネットに入る大きさにするための操作である。

郵便用「角形2号」封筒なら、郵便番号枠の下端が上端から2センチのところになるから、郵便番号枠下端を目安に切断すればよい。

カットが面倒な人は上端から2センチのところを折り曲げるとキャビネットに保管できる。

立てて置く場合、カットすると上から埃が入るのが気になるが、折曲げれば防止できる。多少〝見た目〟はよくないが、中に埃が入るよりはいいかもしれない。

❖——「スタンプ法」にすれば簡単で美しい

また、インデックスを機能的で美しく仕上げたい方は、スタンプ法を使うとよい。

インデックスには枠があったほうが記入しやすく、整然としてきれいだ。そこで、161ページの写真のような「インデックス用スタンプ」を注文して作っておくことをお薦めする。

WIファイルをつくってみよう

とりあえず「簡易記入法」で始める

封筒の上端をカッテングする

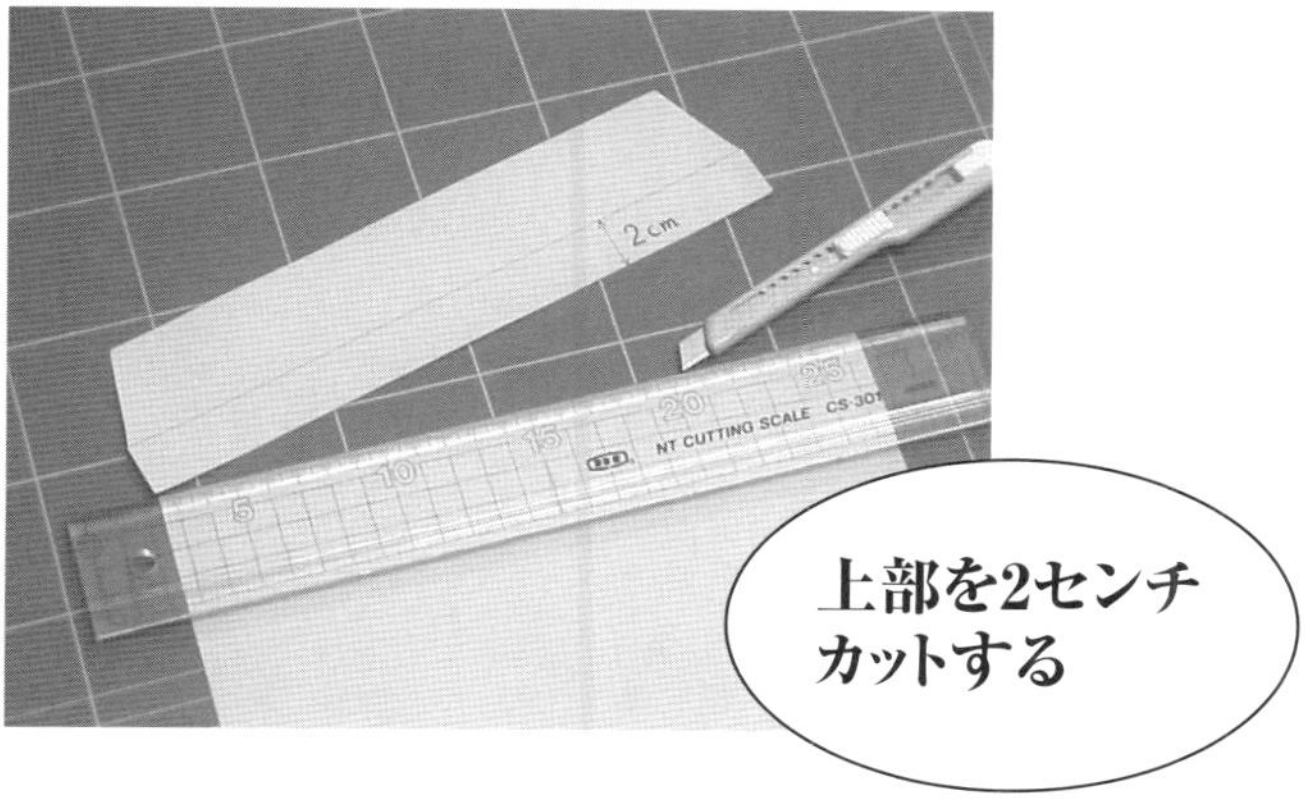

インデックス枠を効率よく引くために「山根式」では「山根式袋ファイル作成定規」を提案している。しかし、実際に試してみると定規を当てて一つひとつ線を記入するのは、かなり大変な作業である。

私は、**WIファイルの開発当初、大量のファイルを効率よく美しく作成するために「インデックス用スタンプ」を考案し、はんこ屋さんに注文した。**このスタンプで押すと、製品版のようにきれいにできあがる。

「角形2号」事務用封筒に入れられた状態で入手した紙資料は、その封筒にスタンプを押すだけでWIファイリングの流れに乗せることができるのでとても便利だ。

わずかな投資で美しいファイルシステムができる。ぜひ「スタンプ法」を試してほしい。

このスタンプで、封筒の右端にインデックスの枠を押そう。

これで、準備は完璧だ。

❖──封筒の右端にインデックスを作成

インデックスを書く場合、「ヨコ書き」で「右端記入」を原則としている。

「ヨコ書き原則」の理由は、カタカナ、ひらがな、漢字の場合では、ヨコ書きタテ書きいず

「スタンプ法」にすれば簡単で美しい！

①インデックス用のスタンプをつくる
（1つ4〜5000円）

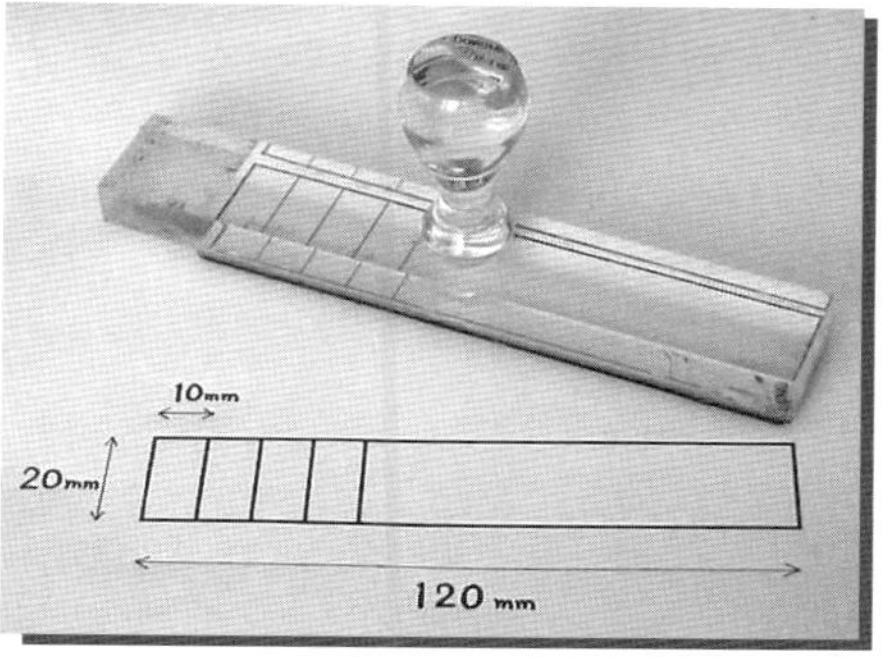

②スタンプでダブルインデックスが簡単に作成できる

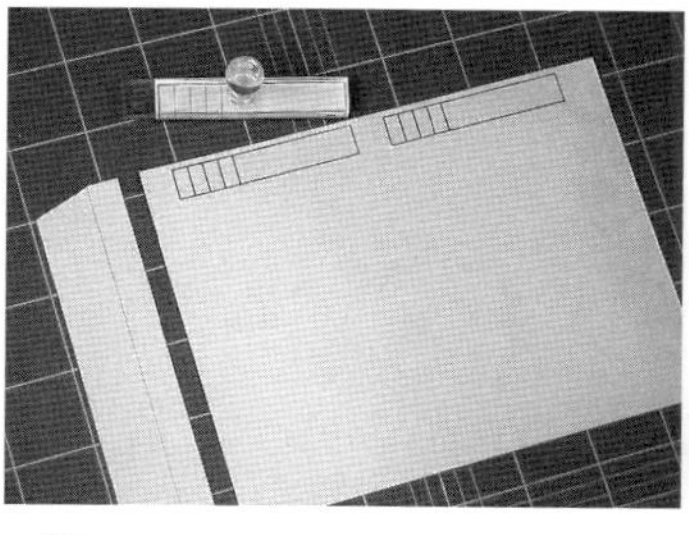

③メインにグループ名、サブにタイトル名を記入して完成

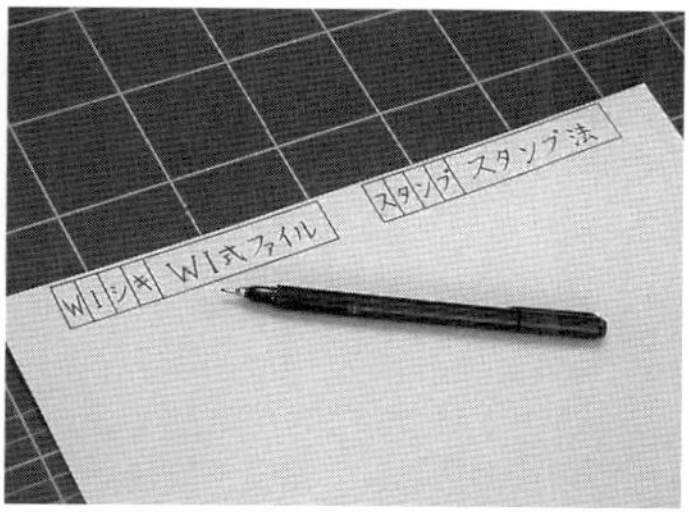

いちいちサインペンで線を引くのは面倒。
こんなスタンプをつくろう。
1つ4〜5000円でハンコ屋さんに頼める

れも可能だが、アルファベットは、ヨコ文字のほうが読みやすいからだ。

私が扱っている資料で言えば、医学関係、コンピュータ関係では、アルファベット、数字や英数文字略号が多く、タテ書きでは不便である。

キャビネットや机の引出しにファイルをヨコ置きで保管した場合では、タテ書きでは不便だ。この点からも、ヨコ書きが理想的だと思う。

なぜ「右端原則」にしているか——。

ファイルを引き出しやキャビネットにヨコ置きで保管するとき、普通は、ファイルの開口部が左にくるように置くはずだ。すると右端のインデックスが上面に見え、英文も和文も文字先頭がファイルの開口部から書いてあるので、きれいに整理される。

仮にインデックスを左端にすると、キャビネットではファイルの開口部を右にしないとインデックスが上面に見えない。この状態では、英数文字の横書きはスペルの先頭がファイルの底部から書き始めることになり、英文と和文が逆の方向になって、不自然だ。気にならない人はいいが、やはりファイリングは〝見た目〟も大事にしたい。

だからこそ、**キャビネット使用を考えている人は右端がベストである。**

もちろん自分なりに工夫し、やりやすい方法を考えればいい。だがいずれにしても、ヨコ書き、タテ書き、いずれかに統一しておこう。

インデックスを書くときの原則

ヨコ書き原則

キャビネットの机の引き出しに保存するとき、
ヨコ書きのほうが見やすい

右端原則

英文字横書きで、スペルの先頭を開口部分から
書き始めるには、インデックスの位置は右端に
あったほうがいい

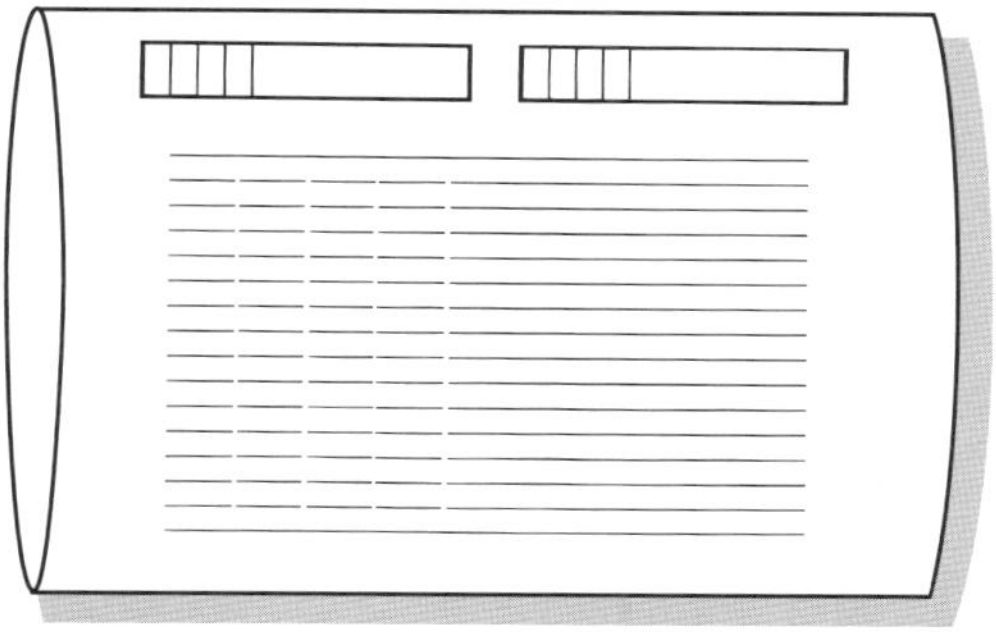

**ただし、あまりこだわらなくていい。
タテ書き・ヨコ書き、右端・左端、
いずれかに統一することが大切**

5

手づくり版「マチ付きＷＩファイル」のつくり方

❖――「角形1号」封筒が「マチ付きＷＩファイル」になる

大量の資料を１つの封筒に入れたい場合は、「マチ付きＷＩファイル」を使うのがよい。私自身は開発当初から印刷会社に大量発注して愛用してきた。

今回、**コクヨからＧＰホルダー・ワイドが製品化され、それを活用すればわざわざ印刷会社に特注しなくてもマチ付きが簡単に入手できるようになった。**しかし、中にはファイリングシステムにできるだけコストをかけずにすませたい人がいると思う。そうした人のために手づくり版「マチ付きＷＩファイル」のつくり方を見てみよう。

「マチ付きＷＩファイル」と同じようにたっぷりと入れられる封筒として、ひとまわりサイ

角形1号封筒が簡易型「蛇腹式封筒」になる

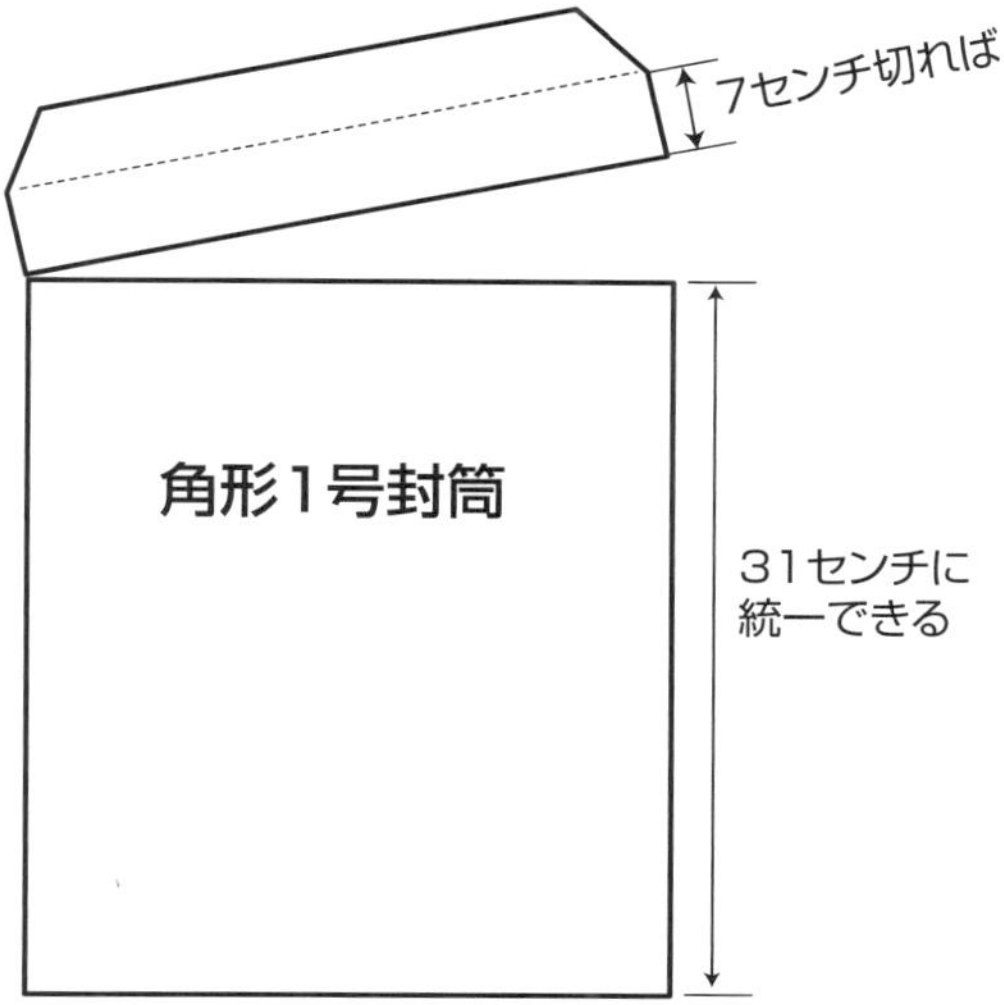
7センチ切れば
角形1号封筒
31センチに
統一できる

◎ マチ付き封筒（特注）と、角形1号封筒

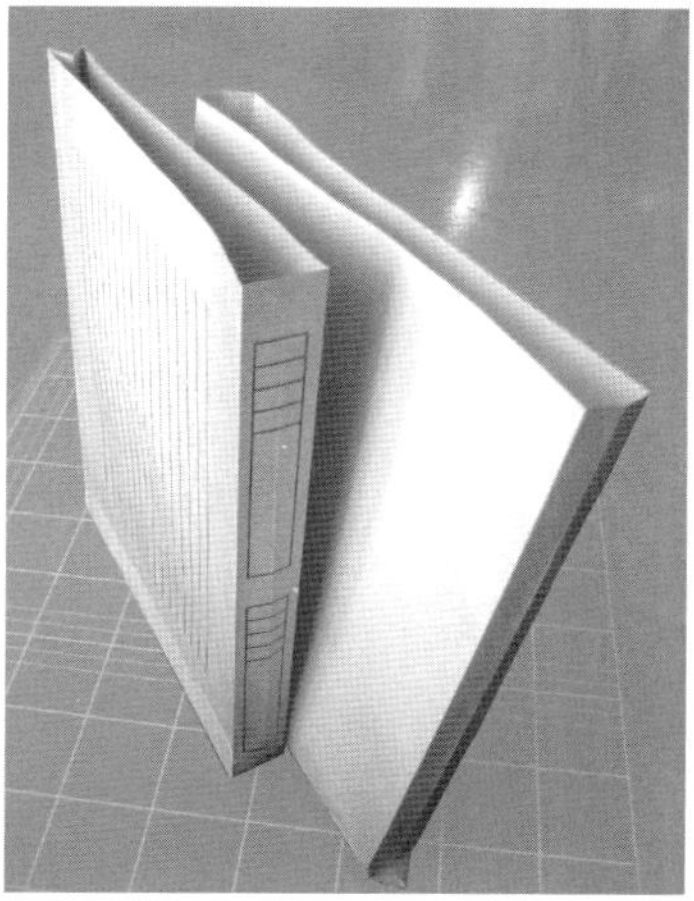

ズが大きい「角形1号」封筒（縦38センチ・横27センチ）を用意する方法もある。上端から7センチのところを切り落とせば、高さが31センチに統一できる。

さてここで横幅を見てみると「角形1号」封筒の横は27センチだが、大量に資料を入れて袋の厚さが3センチほどにふくらむと、うまい具合に「角形2号」封筒と同じ横が24センチぐらいになるのである。

この「角形1号」封筒が「マチ付きWIファイル」のように膨らむと、「マチ付きWIファイル」の仕様（縦31センチ・横24センチ・厚さ3センチ）とほぼ同じ形態になるので、「簡易記入法」か「スタンプ法」で手づくり版「マチ付きWIファイル」の完成である。

いろいろと工夫してもらいたい。

❖――サンプルの情報カードを封筒にコピーする

コクヨの製品ではなく手づくり版でも「情報カード」として使用するためには、封筒の表面に罫線があると理想的だ。そこで、**手づくりWIファイル自体が情報カードそのものにな**

るように、封筒表面に大型情報カードのサンプルをコピーしよう。
151ページの図か、コクヨホームページ内の「ＷＩファイル特設コーナー」からダウンロードしたサンプルをコピーするだけで、美しい手づくりオリジナルＷＩファイルが完成する（⬇153ページ）。

このとき、**手差しから挿入する場合は封筒の底を先頭にすれば紙詰まりなくスムーズにコピーできる。**暇なときにまとめて50枚程コピーしておけば、いつでも使える。この「コピー法」で、ＷＩファイルは「情報カード」そのものになる。

もちろん罫線がなくとも、充分に使用できることは、言うまでもない。

PART 5

どんなものでも WIファイルで整理できる！

WIファイルは、「魔法の袋」だ。
仕事だけではなく、
プライベートでも日常生活でも、
いろいろな使い方ができる！

1

仕事場で仕事を管理・整理する

❖――まずインデックスを付ける

ＷＩファイルは、何といっても「仕事を整理するとき」に威力を発揮する。

新しい仕事を始めるときは、まず新しいＷＩファイルを取り出そう。**大きなプロジェクトを始めるときは、最初からマチ付きＷＩファイルを使う。**プロジェクトに関わるすべての資料を１つのファイルの中に入れることができるからだ。

最初に思いついたタイトル名を、メインインデックスに記入する。そして、手元にあるその仕事に関するすべての資料を、そのＷＩファイルの中に放り込むのである。その後、とりあえず、机上のブックエンドの左端に立てて置く。

これで、準備はすべて整った。

WIファイルで、仕事を管理・整理する！

①新しく仕事を始めたら、新しいファイルを用意する

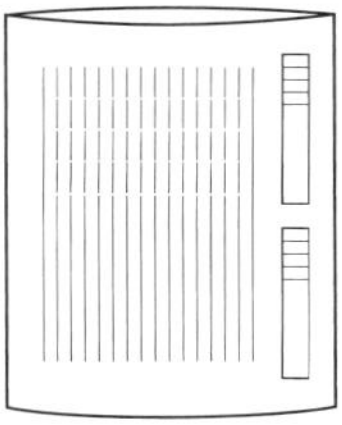

②最初に思いついたファイル名をメインインデックスに記入する

③手元にある、その仕事に関するすべての資料を放り込む

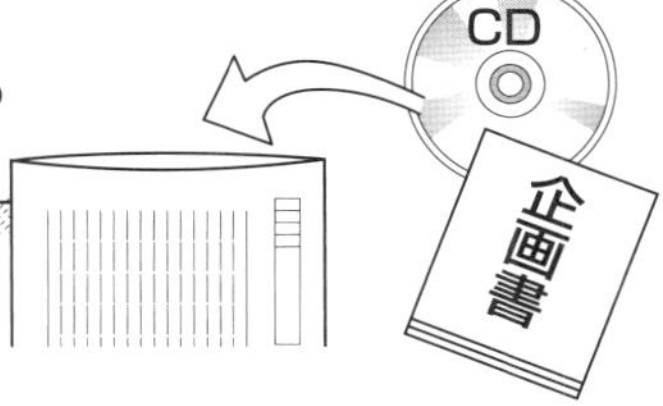

④机上のブックエンドの一番左側に立てて置く

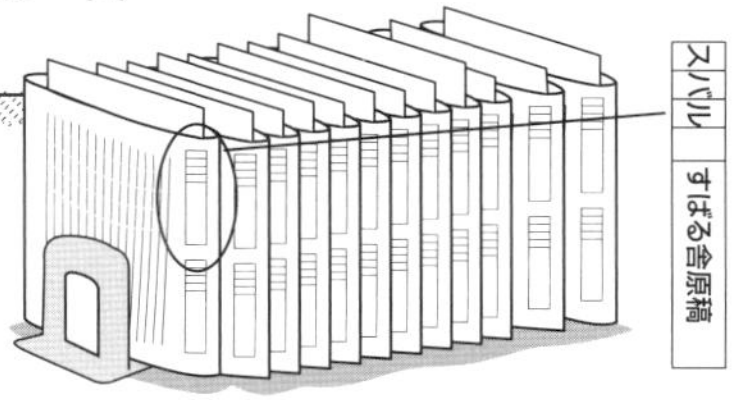

次に仕事を始めるときは、ファイルを取り出して中身を出すだけで準備OK！

❖――袋の中に資料を入れていくときは「手前から」！

「ＷＩファイルの中に放り込むだけ」とはいっても、あまり乱雑に放り込んだのでは探すのに苦労する。資料を封筒へ入れるときには、手前から入れていくこと。必ずこの原則は守ってほしい。

手前から入れていくと、一番必要な最新データがいつも手前にある。机上ブックエンドの押し出しファイリングの法則がＷＩファイル内でも活きている。

一般の人が机の上に資料を積み重ねてしまう理由は、一番上に新しい資料を置きたいからだ。その簡便さを袋の中でも再現すると考えればいい。

それぞれの資料はまとまりごとにホチキスで留める。一枚目表紙の右上に日付を記入しておくと、各資料の順番はすぐにわかる。データが増加中でホチキスで留められない場合は、クリップするかクリアーホルダーでまとめておく。

仕事を開始するときは、このＷＩファイルを取り出して、中身を出すだけでいい。ファイルの中に関連資料はすべて入っているから、すぐにその仕事に関する資料や書きかけの書類が揃う。しかも、**資料の山の一番上に新しい資料が置かれている。**

仕事の途中で、急に別の仕事が入ったときは、やりかけのその資料の山をそのままＷＩファイルへ投げ込めばよい。いつでも、同じ環境の再現が可能なので安心して片づけられる。すぐに机の上がスッキリ片づくはずだ。

仕事単位でファイルを切り替える

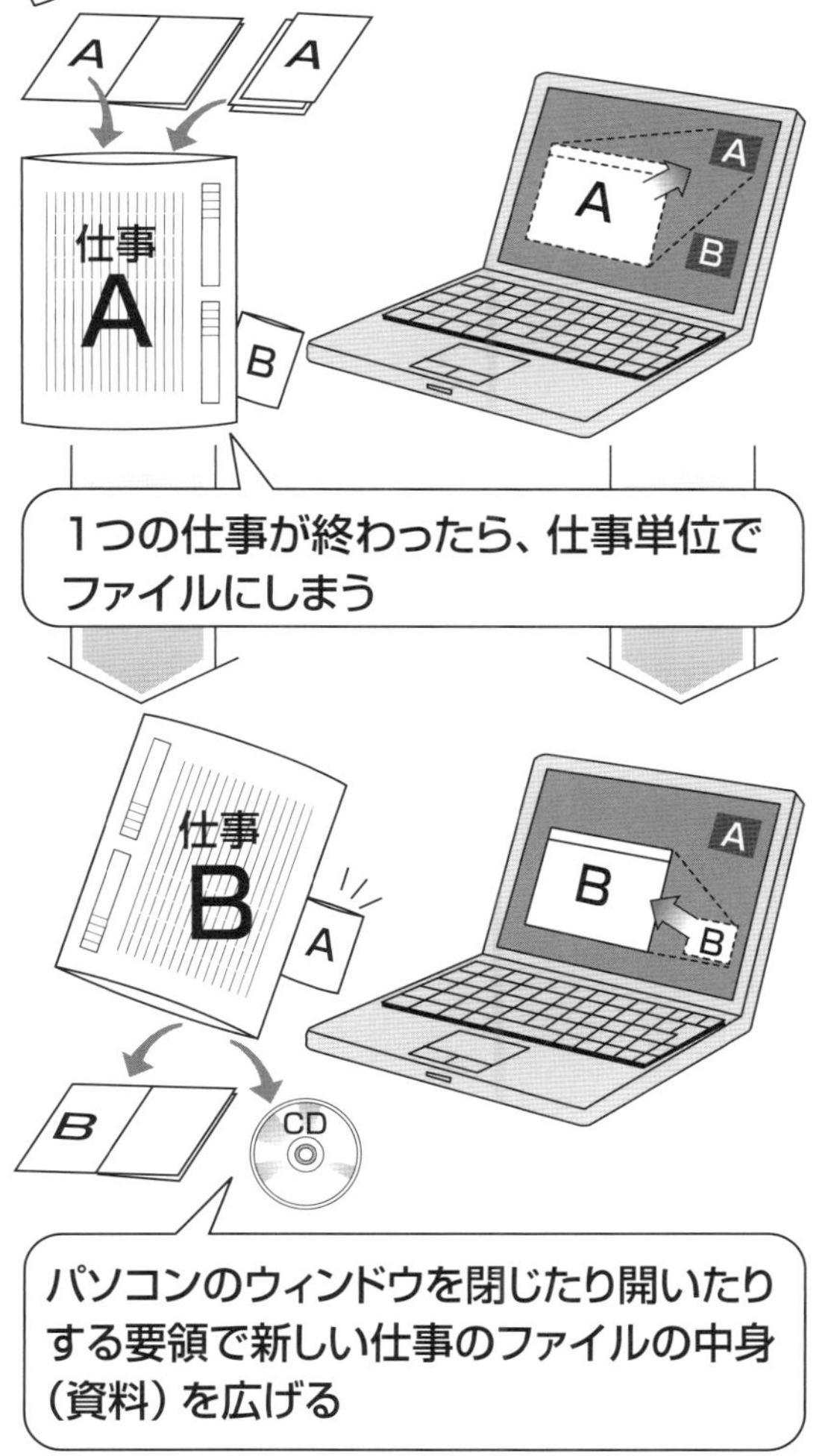
A
A
仕事
A
B
A
A
B
1つの仕事が終わったら、仕事単位でファイルにしまう
仕事
B
A
B
B
B
CD
パソコンのウィンドウを閉じたり開いたりする要領で新しい仕事のファイルの中身（資料）を広げる

そして、次のＷＩファイルを取り出して、ファイルの中身を出す。これですぐに仕事環境も頭の中も簡単に切り替えることができる。

このように仕事の切り替えが瞬時にでき、一瞬で環境を変えてしまえるのが、ＷＩファイルの凄さでもある。パソコンのウィンドウを開いたり閉じたりする感覚で仕事を切り替えることができるわけだ。

❖――袋に放り込んだ時点で整理は終わっている

その仕事がすべて終了したときは、ファイルはキャビネットなどに保管される。そのとき、ファイル内の資料を内容ごとに該当するファイルへ分類分けする必要はない。そのままのファイルを保管する。

それらの資料は、その仕事で使ったことで自然とグループ化されている。後で、その資料が必要になったとき、インデックスを見れば、「あの資料は、たしかあの仕事で使った」と思い出すはずだ。

つまり**Ｗ－ファイルは仕事が終わったら、そのまますべてを放り込むだけでわざわざ整理する必要がない。**ＷＩファイルに放り込んだ時点で整理は終わっているのである。

袋に仕事単位で放り込むだけ！

ひとつの仕事の資料は、分類せず、仕事単位でファイルにパッケージする

2

「移動オフィス」として使える

「仕事単位」でWIファイルを活用していれば、いつもオフィスにいる必要はない。資料の入ったWIファイルとノートパソコンを携帯すれば、「移動オフィス」になる。

たとえば、企画Aの仕事の締め切りが明日に迫った状態で、夕方に企画Bの商談があるとしよう。企画Aと企画BのWIファイル、それにノートパソコンを鞄に入れて、打ち合わせの喫茶店に向かう。

打ち合わせの時間までWIファイル・企画Aの資料を見ながらノートパソコンに入力していく。いつもと変わらない環境で仕事が進む。企画Aに関する資料は、すべてこのWIファイルにあるからだ。

打ち合わせの相手が来たら、企画Aの資料はいったんそのままWIファイルに放り込んで、企画Bのファイルを取り出す。これですぐに打ち合わせに入れる。

相手の必要とする資料は、ノートパソコンのデータベースだけでは足らない。紙資料データも適時必要になる。144ページでも書いたように、ＷＩファイルの中はクリアーホルダーで細分化してあるので、相手の要望に対してすばやく適切な資料を提供することができるはずだ。**パソコン・データベース並みの検索性である。**

まるで移動オフィスのよう！

WIファイルとノートPCを
バッグに入れて持ち歩けば……

移動先ですぐに
仕事を始められる！

WIファイルの中は
クリアーホルダーで
細分化・分類しておく！

3 「ペンディング・ファイル」としても使える！

❖関連するファイルがない場合はどう整理するか？

ＷＩファイルは「仕事単位」だけではない。そのときは仕事とは関係なさそうなもの、バラバラの資料なども、上手に使えば管理できる。

バラバラの「情報資料」は、次から次へと飛び込んでくる。これらをファイルするにはどうすればいいのだろうか。

すでに関連するファイルが作成してあれば、その中に放り込むだけでいい。

悩むのは関連するファイルがない場合である。

では、関連するファイルがまだない、新しい分野の情報資料はどうすればいいだろうか。

その場合は、２つの方法がある。

ひとつは、**新しいWIファイルを作成する方法である。**明らかに今後、そのテーマでほかの資料も集めていくことになるだろうと思われるときには、新しいファイルをつくろう。最初に思いついたタイトル名をファイルのメインインデックスに記入して、ブックエンドの左端に立てるだけでよい。

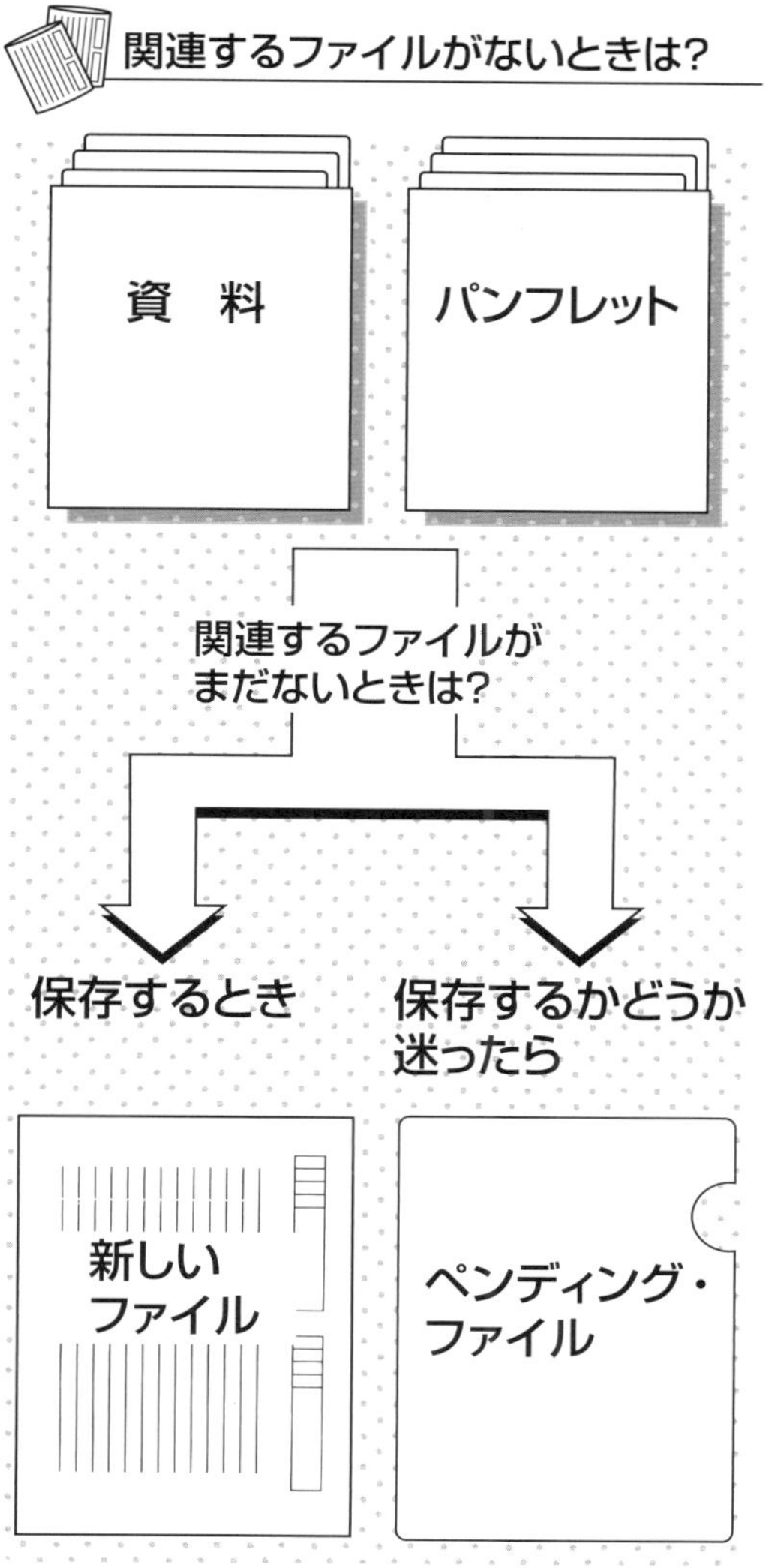

❖――一時的なものは「ペンディング・ファイル」として使う

もうひとつは、一時保存専用のペンディング・ファイルとして使う方法である。今後必要になるかどうかわからないが、**気持ちに引っ掛かる資料はとりあえずペンディング・ファイルに入れておく。**

マチ付きWＩファイルならたくさん入るので「政治・経済」「芸術」「スポーツ」などの大まかなタイトルを付けてペンディング専用のファイルを作る。

ペンディング・ファイルの中は手前から資料を入れていくだけだ。ファイルが満杯になって新しい資料が入らなくなったら、後方にある古い資料から目を通して不要になったものは捨て、必要な資料は新しくWＩファイルを作成して独立させればいい。

自然と不要なものがふるい分けられていく。

締切日が決まっている書類などは、緊急専用のペンディング・ファイルを作ればよい。メインインデックスにタイトルを記入し、サブインデックスに**締め切り日を赤いペンで記入するのである。**

締め切りの近いファイルを手前に来るようにブックエンドの左端に立てておけば赤文字の

締め切り日が絶えず目に留まるので忘れないですむ。

処理が終わったら、インデックスを差し替えるだけでＷＩファイルは再利用できるので気楽に緊急用ファイルを作成できる。

ペンディング・ファイルとしての使い方

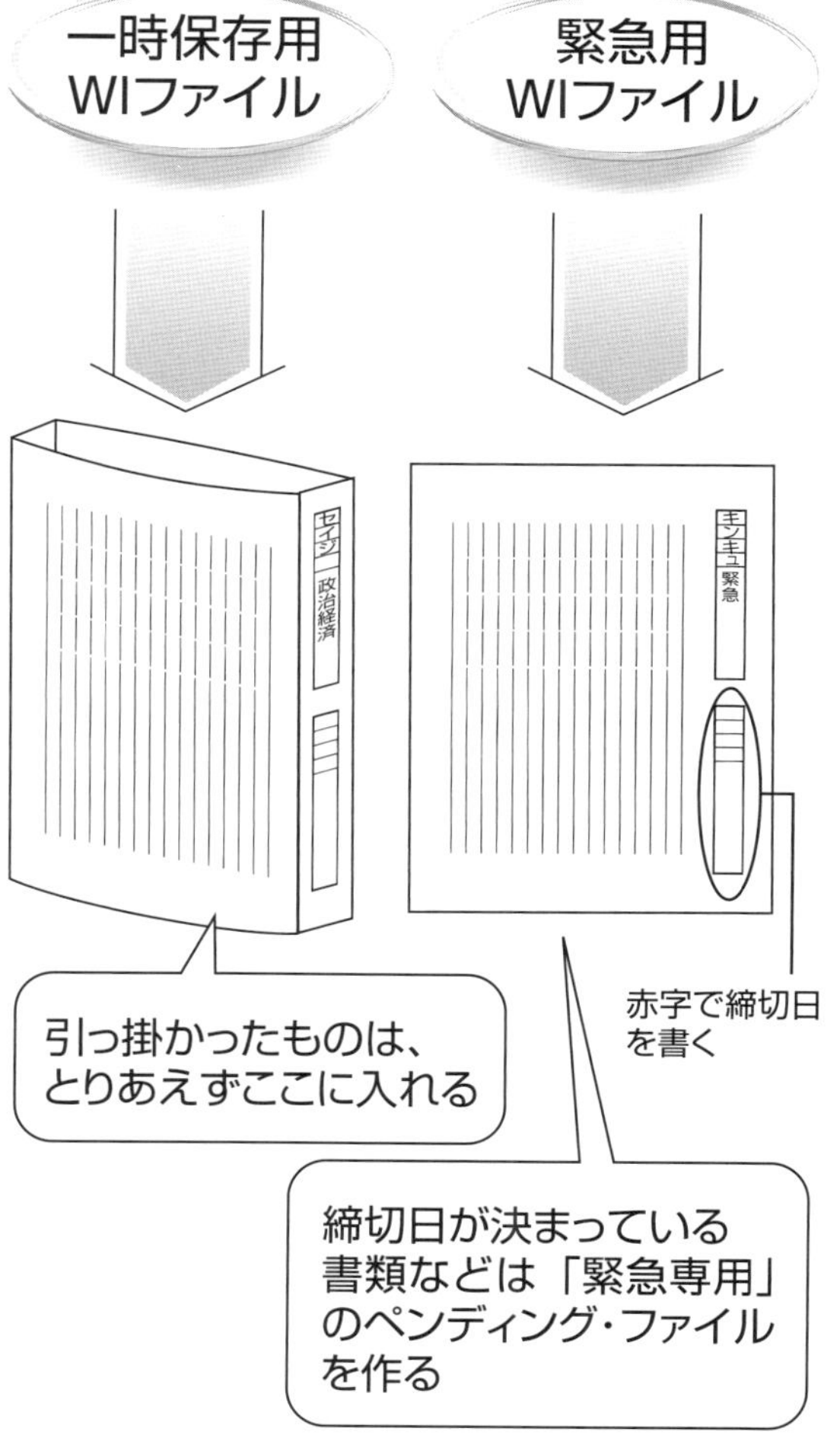
一時保存用
WIファイル
緊急用
WIファイル
セイジ
政治経済
キンキュ
緊急
赤字で締切日
を書く
引っ掛かったものは、
とりあえずここに入れる
締切日が決まっている
書類などは「緊急専用」
のペンディング・ファイル
を作る

❖――顧客管理にも人脈管理にも使える

仕事で顧客を管理する場合も、WIファイルは効果を発揮する。**得意先ごとに会社名をメインインデックスに書いて「50音順」で並べておく。**電話がかかってきたら、すぐに検索ができるはずだ。クレームに対応した場合は情報カードにメモを残しておけば、同じような問題が生じたときに参考になる。

関連した会社をグループでまとめておきたいときは、グループ名をメインインデックスに記入して、各会社名はサブインデックスに書くだけでグループ化が完了する。関連した会社をまとめて調べるときは、効果抜群である。

同じような考えで、顧客管理ばかりでなく、人脈管理にも使うことができる。

個人ごとにファイルを作成して、その人の関係資料を入れておけば、人物データベースにもなる。その人からの手紙や写真など何でも入り、非常に便利である。

もっとも、一人ごとにファイルをつくっていると切りがない。私の知人は母校の同窓会幹事をやっているのだが、メインインデックスに「同窓会」、サブインデックスに「開催年度」を書いて、会ごとのデータや写真などを管理している。

顧客管理、人脈管理に使う！

顧客管理や人脈管理などがすべて
50音順で素早く検索できる！

4

会議の資料を整理するときは？

会議で配られる種々雑多な資料……これらをどう整理すればよいのだろうか。

❖──回数が多い会議と少ない会議で、方法は少し違う

会議は、会社や団体によって開催方法も異なるし、資料の種類も異なるので、一概には言えない。たとえば毎週月曜日に「企画会議」が開かれるとしよう。それを1回ごとにファイルにしていったら、ファイルの数が増えすぎて混乱してしまう。

会社では「企画会議」「連絡会議」「営業会議」……などさまざまな会議がある。**回数の多い場合は、ファイルは会議ごとに分けるのがいい。そして中をクリアーホルダーで、1回ごとに小分けにしておく。**ファイルが一杯になったら新たにファイルをつくり、サブインデックスに年月日を記入しておけばいい。

回数が少ない場合は、1回の会議ごとに1つのWIファイルを作成する。開催当日、WIファイルを使って会議用ファイルをつくり、会場に出かける。メインインデックスには「会議名」を記入し、サブインデックスには「開催年月日」を記入する。

WIファイルの表面には、会議の主旨と会議で配られた資料のリストを書いておく。これは、後で検索するときにとても役に立つ。

❖会議の資料が封筒で配られる場合は好都合

会議資料が封筒に入っている場合は、その封筒に入れたまま保管する。封筒表面には会議の主旨と配られた資料のリストを記入しておく。会議が終了後、配られた封筒の端に、インデックスを作成すれば、その封筒がそのままWIファイルになるわけだ。

そして、**メインインデックスには、会議名を記入し、サブインデックスには開催年月日を記入するだけでよい。**これだけで会議資料の整理は完了する。

会議する場所によって、配られる封筒の色が違う場合がある。同じ機関の会議は同じ色なので、かえって好都合だ。色で保管場所が一瞬にわかる。

私が出席している医師会での会議を例にとると、富山県医師会の封筒はグレーで、高岡市医師会はグリーンである。同じ機関からの通達文書の封筒も同じ色なので、同じグループに収納するときに、とても便利である。

❖会議の資料は、その会議用ファイルから動かさない

会議資料の整理の大原則は、「会議の資料は、その会議用ファイルから動かさない」ことである。資料の一部を別ファイルに動かすと、迷子の資料が出てくる。

しかし、会議で入手した資料を、いま手がけている仕事で活用するために、仕事単位のWIファイルへ移動するのが必要な場合がある。**そんな場合は、会議用ファイルの表面に「資料移動覚え書き」を必ず記入しておくことである。**これを書いておくことによって、資料の迷子は確実になくなるはずだ。

「会議用」ファイルはキャビネットなどに保管するケースが多くなるが、閲覧したり活用する場合は、メインインデックスの50音順ですぐに検索が可能である。

しかも、それぞれの会議はサブインデックスの年月日によって「時系列」に並んでいる。いつ頃開かれたか思い出しながら、会議中にファイル表面に記入した「会議の主旨」と「資料リスト」のメモを見ていけば、必要な資料はすぐに見つかるだろう。

会議資料を整理する

原則として、1回の会議ごとに1つのファイルをつくる

その会議の資料は別ファイルに移さない

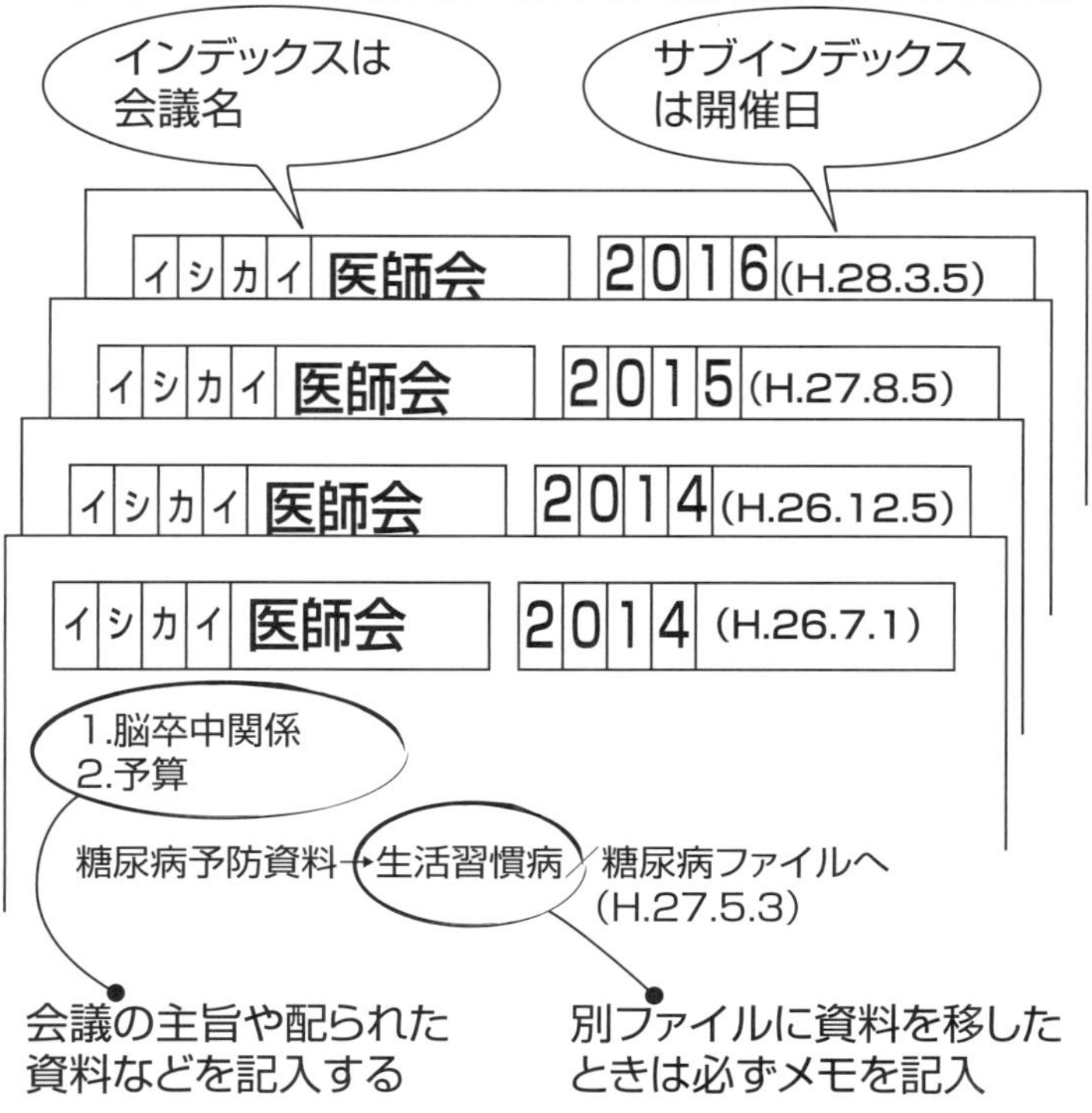

5

パソコンソフトや周辺機器の資料も整理できる

❖ファイル表面にユーザーID、シリアルナンバーなどを記入する

パソコン購入時の資料、保証書、CD-ROMなどもWIファイルで整理できる。また、WIファイルの表面の罫線は、大型情報カードとして活用できる。ユーザーID、シリアル・ナンバー、アフターサービス電話番号を記入しておくとよい。

さらに、**「製品名、製品番号、製造番号、購入年月日」の情報も記入しておく**とよい。製品の機能仕様（CPU、ROM、ハードディスクなど）の情報も記入しておけば、故障でサービスセンターへ電話相談するときにスムーズにいく。

❖パソコン周辺機器の資料を整理する

Wi-Fiルーターやプリンターなどパソコン周辺機器購入時の資料、保証書などもWI

ファイルで管理する。**情報カードにメモを記入するのは言うまでもない。**

今のようにパソコン周辺機器が多くなると、すぐにその機器の資料も何かに紛れてしまう。

また、たまにしか接続しないケーブルなどもファイルに入れておけばよい。

ファイル表面にいろんなデータを記入

パ	ソ	コ	ン	Mac タイガー

- 2016.5.30購入
- HDD 800GB メモリ 4GB
- 製品No　××××
- ユーザーサポート　0120-××××-××××

プ	ロ	バ	イ	インターネット So-net

- ID No.　××××
- パスワード　××××
- メールアドレス　××××

重要な情報なので、外出するときは持って出ないこと！

6

領収書や伝票類も整理できる

さらに、伝票や領収書などは、マチ付きＷＩファイルがあれば簡単に整理できる。

❖——袋の中を1カ月ごとのクリアーホルダーで分ける

まず、**その年のマチ付きWIーファイルを作成し、ファイルの中は1～12月までのラベルを貼った12枚のクリアーホルダーで細分化**すれば、スッキリと収まる。

メインインデックスには、「領収書」と記入して、キーワード四文字は「リョウシ」にするといいだろう。サブインデックスには、その年の「年号」を記入して、キーワード4文字は「西暦」を記入しておく。

こうしておくと、西暦と年号を対比できるので便利である。「２０１７・平成29年」といった具合である。

領収書や伝票を整理する

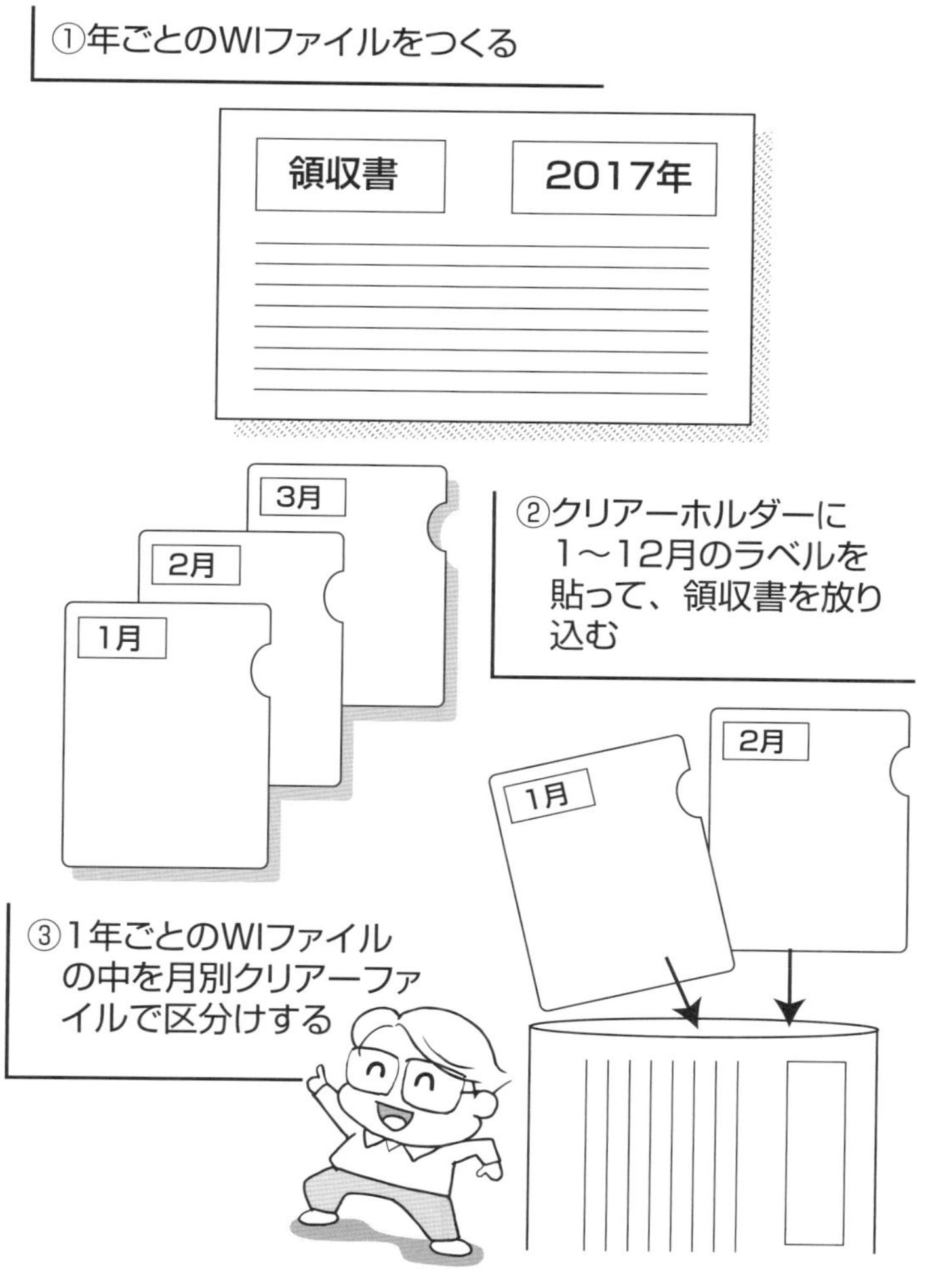
①年ごとのWIファイルをつくる
領収書
2017年
3月
2月
1月
②クリアーホルダーに
1〜12月のラベルを
貼って、領収書を放り
込む
2月
1月
③1年ごとのWIファイル
の中を月別クリアーファ
イルで区分けする

これで準備は整った。後は、毎月発生する納品書、請求書、領収書、レシートなどを、WIファイル中の各月クリアーホルダーに放り込んでいけばよい。糊付け整理などの手間も必要ない。

しかし領収書類は出し入れが多く、紙製のWIファイルではボロボロになりやすい。ここはコクヨのPP製GPホルダーを使いたい。

❖──かなり領収書類の量が多くても大丈夫！

領収書の整理には、会社の経理担当、個人事業主とその奥さん、一般家庭の主婦に至るまで多くの人が悩まされていることだろう。領収書をヒモで綴じたり、ノートに糊付けしたりしてそれぞれ工夫しているが、かなり面倒な作業である。

月単位の時系列で整理したくても、領収書はかなり前後して入ってくる。いったん糊付けしてしまうと時系列の編集作業は煩雑になってしまう。

車の中に置き忘れたままのガソリンの領収書、かなり遅くなってから郵送されてくる領収書など、2、3カ月してから発生するものもある。

だがこのWIファイル法では、各月のクリアーホルダーに放り込むだけで、帳簿作成、集計整理、決算整理、毎年の確定申告がスムーズにできる。**とくに量が多い場合は、上半期、下半期の2つの「マチ付きWIファイル」を使うとよいだろう。だが前述した通り耐久性を考えれば、コクヨのPP製GPホルダー・ワイドを使うのがベストだと思う。**

確定申告が終わったら、WIファイルをそのまま保管場所に移動するだけだ。

ある程度の規模の会社までなら、領収書などの伝票類も少ないから、この方法がベストではなくても「ベター」ではあると思う。**とくに個人事業主やフリーランスの場合は、必ず効果を発揮する**はずだ。

領収書の法的保管義務は7年間だから、領収書専用にGPホルダー・ワイドを7個用意するだけでよい。保管期限を過ぎた「領収書」ファイル内の領収書は自動的に捨てることができ、サブインデックスの年号タイトルを書き直したインデックスを差し替えるだけでファイルの周期的リサイクルができる。

ファイルの中を区分けしていた1～12月までのクリアーホルダーもそのまま再利用できるので準備が簡単だ。

7 手紙やハガキも整理できる

❖――「後で読もう」は禁物

今ではEメールのやり取りが主流になってきた。それでも郵便物は相変わらず舞い込んでくる。ダイレクトメール、案内状、招待状のたぐいも多いだろう。

ハガキや手紙を受け取ったら机の上に放置せずに、できるだけその場ですぐに処理してしまうことが大切だ。「後で読もう」とファイルに入れたりすると、必ず忘れる。

つまり手紙やハガキなどを受け取ったら、その場で読んで、不必要と判断したらすぐに捨てる。ダイレクトメールや招待状などは、「後で処理しよう」と思っていると、何かの資料やパンフレットに紛れ込んでしまう。

保管しておきたいもの、その場で処理できないものは、常に目に触れる場所に置いておこ

う。このとき使うのが、未処理の手紙専用のＷＩファイルである。とりあえずここに入れて、なるべく早く処理してしまおう。

では、保管しておきたいと判断した手紙やハガキは、どうすればいいのだろうか。このときは、保管用のＷＩファイルを作るとよい。

「後で読もう」は禁物

読んで不要と判断したらすぐ捨てる。とくにDMや招待状などは「後で…」とやるとすぐ何かに紛れ込む

保存しておきたいもの、すぐ処理できないものは透明なペンディング・ファイルに！

❖——手紙やハガキをWIファイルで分類・保存する

まず、保存しておきたい手紙やハガキには、受け取った日付を記入しておく。

それを、「年度別手紙」、「個人別手紙」、「顧客別ファイル」などのWIファイルにそれぞれ保管整理する。

たとえば「年度別手紙・WIファイル」のメインインデックスには、「手紙」と記入してキーワード4文字は「テガミ」だ。サブインデックスにはその年の「年号」を記入して、キーワード4文字は「西暦」を記入しておく。

このファイルを、その年の初めに作っておくのである。そして読み終わった手紙と、返信文のコピーをその中に放り込む。一般的な手紙は、時系列で充分である。

特定の人との手紙が多い場合は、独立した「個人別手紙・WIファイル」を作る。

この場合、メインインデックスには「氏名」を記入し、50音順で整理する。その人と頻繁に手紙のやり取りをしている場合は、サブインデックスに「年号」を記入して、さらに時系列で並べておく。

手紙やハガキを分類・保存する

保存しておきたい手紙やハガキには
受け取った日付を記入

↓

「年度別手紙」「個人別手紙」
「顧客ファイル」などに保存する

「年度別手紙」ファイルの場合

テガミ	手紙

2017	H.29

読み終わった手紙と返信文のコピーを
この中に放り込む

特定の人（家族や親友など）との手紙のやりとりが多い場合は、独立した「個人別手紙WIファイル」を作る

8 重要書類もＷＩファイルで整理する

❖――「大事なものだから別の場所に……」では見つからなくなる

私は、重要証書の保管もＷＩファイルを使っている。

登記権利書、印鑑登録証明、生命保険証、パスポート、証券、貯金通帳、保証書、青色申告控えなどの重要証書も、ＷＩファイルに入れておけば探し回ることがなくなる。**なまじ「重要だから別の場所に……」と考えるから面倒なことになるのである。**

登記権利書などはめったに必要ないので、どこに置いたか忘れてしまうものだ。しかしＷＩファイルは、50音順検索ですぐに出てくる。メインインデックスは「登記権利書」、キーワードは「トウキ」でよい。「家」関係のものをファイリングする、という考え方をすれば、メインインデックスは「家」あるいは「マンション」、サブインデックスに「登記権利書」

や「マンション管理組合規約」「売買契約書」などとすればいいだろう。

❖家電製品などの保証書もファイリング

またわが家では、家電製品などの保証書も、説明書と一緒にＷＩファイルの中に入れて整理している。メインインデックスには、「電気製品」と記入し、サブインデックスには、それぞれ「テレビ」「冷蔵庫」「洗濯機」などと記入しておけばよい。

重要書類もWIファイルで

「大事なものだから別の場所に…」と考えるからわからなくなる

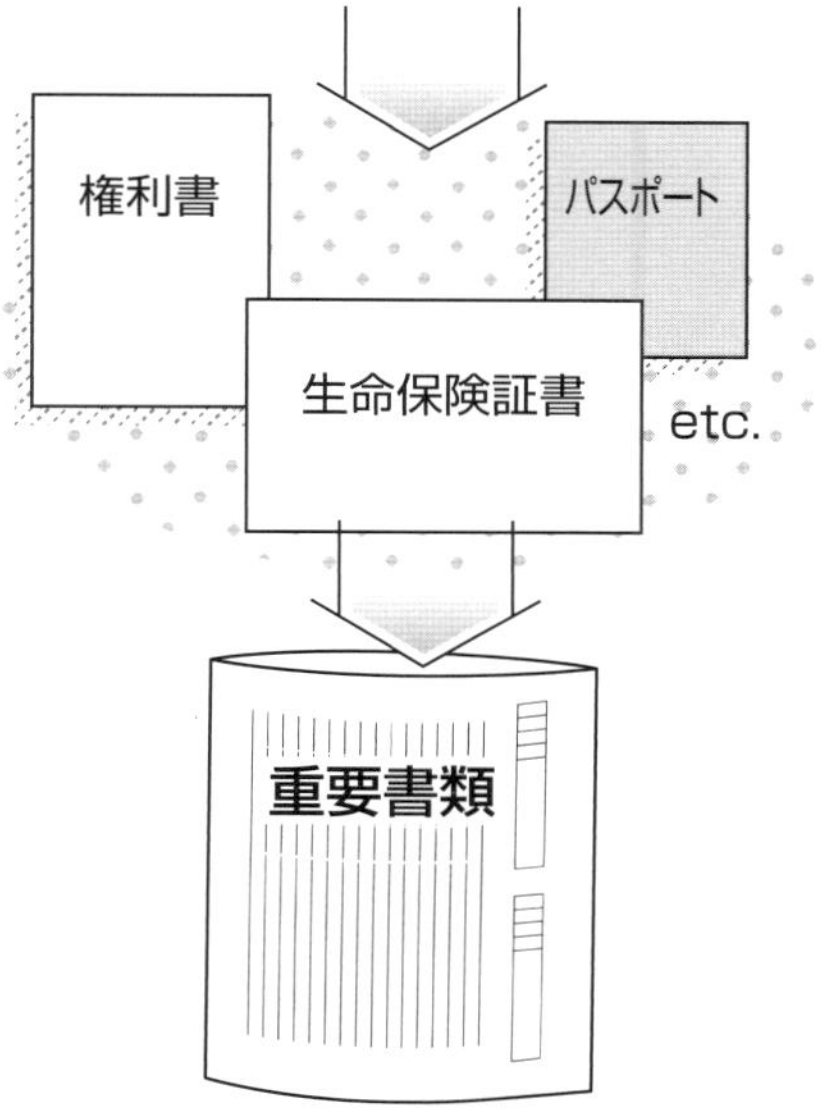

「登記権利書」などは、「登記書」や「家・マンション」などのファイルを作る

9 自分史や家族の歴史もファイリング！

❖──日記や昔の宝物も、時系列で整理する

日記帳や文集などは、年号順の「自分史・ＷＩファイル」を作り、そこに放り込んで時系列で整理する。

私の「自分史・ＷＩファイル」の中には、小学生の夏休み絵日記がある。茶色く色あせたノートの幼いクレヨン画とエンピツ文字から、懐かしい夏休みの日々が思い出されてくる。月光仮面のメンコを眺めると、メンコ、ビー玉、ベイゴマ遊びに夢中だった小学時代がよみがえる――。

Ｗ－ファイルは、まさにタイムカプセルである。

最近の日記や随筆はパソコンに入力しているが、その時々に手に入れた思い出の資料など

「過去の思い出」なども時系列でファイルする！

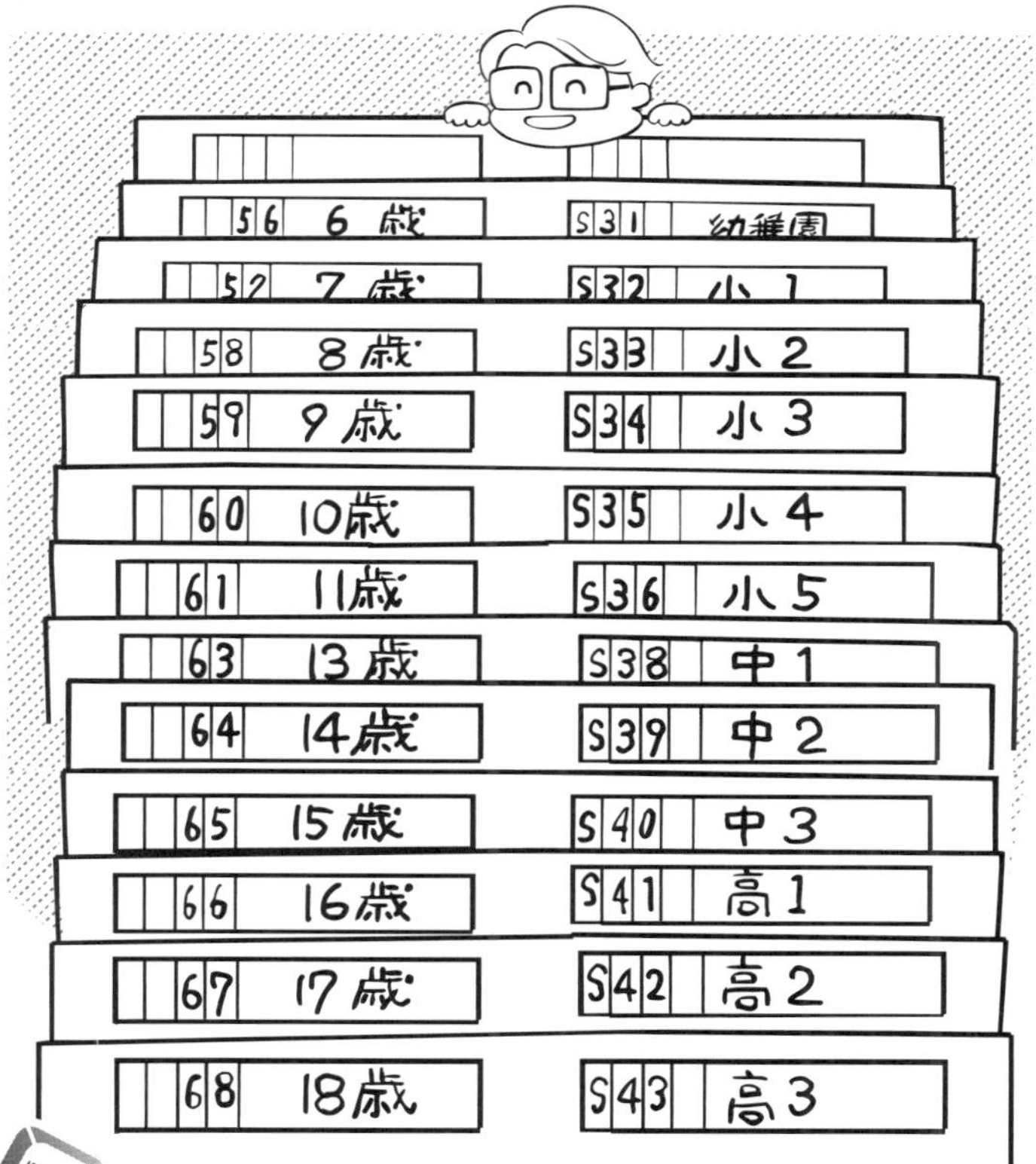

その年代の思い出の資料などをファイルする。旅の思い出などは別のファイルを作って保存してもよい（☞ P203）

はＷＩファイルで大切に保管している。旅の思い出のパンフレットや地図資料なども、ＷＩファイルに放り込めば簡単に整理できる。デジカメがなかった頃の写真を整理するのが面倒な人は、その写真も一緒に入れておけばいい。

要するに、ファイルに入るものなら応用は自由自在である。たとえば旅行が趣味の人は、メインインデックスに「訪れた地名」、サブインデックスに「年号」を記入して、その旅に関するものはすべてファイルに放り込んでおく。

ＷＩファイルは「知的」趣味にも幅広く活かせるのである。

❖──「子育ての歴史」もファイル、整理できてしまう

お母さんにも、ＷＩファイルは使える。母子手帳、子供の描いた絵や文集などは、年号順のＷＩファイルに放り込んで残しておくと、整理された成長記録になるはずだ。

学校からの連絡事項や学習要項などは、２人目の子供が同じ学年になった場合などに、とても大切な資料になる。たとえば夏休みの課題で悩んでいるときなども、適切なアドバイスができたりする。

またＰＴＡ委員になれば、文集の作成を頼まれることもある。こういうときは過去の文集が、季節の行事に応じた文集づくりの指南書になる。

もちろん、完成した文集もそのまま一緒に整理できる。

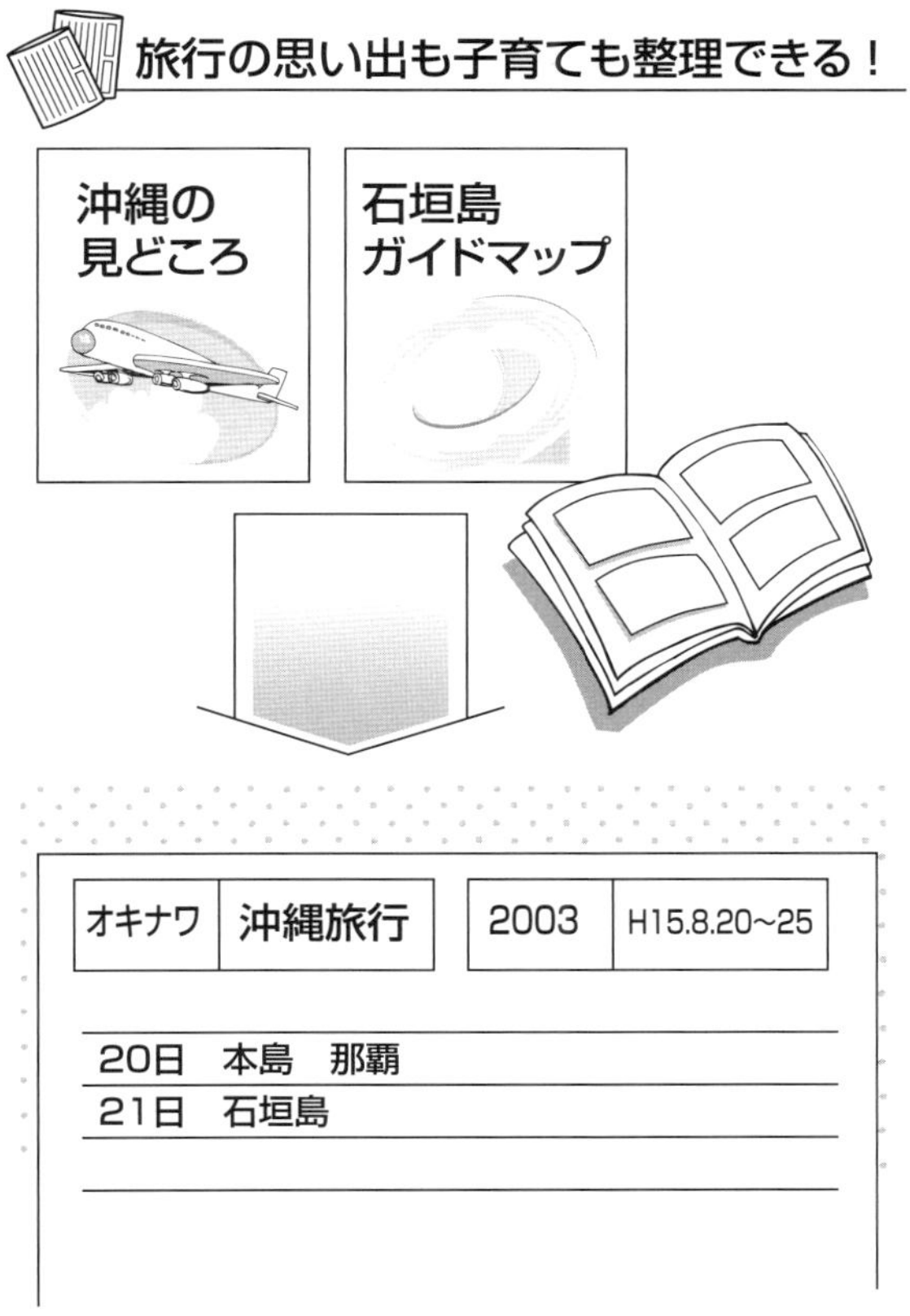

旅行の思い出も子育ても整理できる！

また、子育ての記録も整理しておくと2人目の子供が同じ学年になったときは大切な資料になる

お母さんの文集づくりは、書斎でなく、食事のダイニングテーブルなどの場合が多いと思う。お母さんにとって大切な資料や記録も、たいていは同じ場所にある。わが家では、ダイニングスペースの一棚に、そういったものが整然と並んでいる。

ＷＩファイルはどんな場所でも〝書斎〟にすることができるのである。資料とノートパソコンとＷＩファイル一冊があれば、そこはあっという間に書斎に変身するのである。

文集などをつくるときも同じである。

急用ができたらノートパソコンを終了して、ＷＩファイルに資料を放り込めば、すぐ片づく。再び始めるときは、そのＷＩファイルを出せば、文集づくりを続けられるのだ。

ＷＩファイルは、主に「仕事」に役立つが、こういうさまざまな活用方法もある。家庭によって事情は異なるだろうから、自分なりに工夫していただきたい。

PART 6

整理のための手帳活用術も見ておこう

W-ファイルだけでなく、
「整理」のためには手帳は欠かせない。
単に仕事や生活だけでなく、
人生設計のための最大のツールである。

1

「I Canカード」で夢を実現する！

❖ 京大型カードで知的生産の技術に目覚めた

この章では、私の「手帳」活用術について触れてみたい。

私は今、「システム手帳」を活用しているが、ここまでにはいろいろなツールを試してみた。大学2年生のとき、兄から情報整理術の素晴らしい本を薦められた。梅棹忠夫著の『知的生産の技術』岩波新書（1969年）である。

梅棹氏は**レオナルド・ダ・ヴィンチが天才でありえたのは、メモする習慣があったからだ**と言っている。

梅棹氏の開発した「京大型カード」はB6判（12・8センチ×18・2センチ）である。ずいぶん大きく、単なる覚え書きではなくて、充分な内容を書き込める。

原則は、「カード1枚に1件の情報だけを書き込む」こと。第2に「表題」を付けること。後で検索、分類、組み合わせるときに必ず必要になる。第3は「日付」を記入しておくことだ。日付があれば、バラバラのカードをすぐ時系列で管理できる。

私は、医学生時代の大学講義をこの「京大型カード」で書き始めた。

❖——I Canカードの6つの目標で夢の実現を目指した

私の京大型カードは医学の勉強や情報整理だけでなく、人生管理の「I Canカード」へと発展していった。

その頃読んだ本に、B・スイートランド著『自己を生かす 私はできる』創元社（1969年）がある。原著名は『I Can』。次のような内容だ。

『あなたが欲するのはどのような人生か？ あなたはあなたが期待する以上のものをこの人生から得ることはできない。だから、あなたが欲するものをはっきりと決めることである。

計画帳に使うためのノートを一冊求めよう。ページを開いて第一ページに「私の身体の目標」。第二ページに「私が所有したいと思う目標」。第三ページに「私の仕事の目標」。そして、毎日、朝、昼、晩、このリストにはじめから終わりまで目をとおすことだ。その目標のそれぞれを持っているさまを心に描き、それを持つという期待に心をおどらせて見ることである。あなたはあなたが考えたとおりのものになる。

したいと思っているなどということはだれでも言うことだ。たいせつなことは「今すぐ始める」ことだ。「私はできる」。私は成功者となることができるのだ！』

（スイートランド）

スイートランドの『I Can』は、私に大きな夢を抱かせた。**その日から私は使っている「京大型カード」を「I Canカード」と名付け、自分の夢を描き始めた。**

まず人生計画を大きな6つの目標に分けた。**「仕事、経済・モノ、自己啓発、趣味、健康、家族」**の6枚のカードである。

①「I Can 仕事」には「医学博士になる。臓器移植外科医になる。自分のクリニックを持つ。本を出版する」

②「I Can 経済・モノ」には「一戸建ての家を持つ。クリニック開業資金を貯蓄する」

③「I Can 自己啓発」には「さまざまな分野の本を多読する。名作や古典を読む」

④「I Can　趣味」には「ヴァイオリン、ギター演奏をマスターする。絵画を描く」
⑤「I Can　健康」には「水泳を続ける」
⑥「I Can　家族」には「家族を大切にする」を書いた。

大学生時代、この6枚の「I Canカード」に書いたことは夢物語に思えた。しかし、いま振り返ると、ほとんどが実現している。いまさらながら『あなたはあなたが考えたとおりのものになる。（スイートランド）』の言葉を実感している。

❖人生25年計画を立てた意味の大きさ

その後、井上富雄著『ライフワークの育て方』／祥伝社（1978年）と『20年計画の実践』青春出版（1981年）で、井上氏の「人生25年計画表」を知った。

彼の「人生25年計画表」は、大きく5つの柱に分けて目標を設定していた。①仕事、②学習、③資金、④家庭、⑤趣味である。

私の「I Canカード」も、ほぼ同じような6つの指標があった。しかし、大きな違いがあった。井上氏の長期計画には、目標設定だけでなくてそれぞれの目標達成の年齢が設定しであり、各年代での中間目標をまで設定していたのだ。

旅行計画で言えば、目的地だけでなく日程表まで計画していることになる。


私は、さっそく「人生25年計画表」を立てた。


「I Can 仕事」では、研修医2年間、病棟医3年間、研究員2年間を経て医学博士、大学講師の時期を設定し、子供の成長と教育時期より、外国留学、クリニック独立開設の年齢を設定していた。医学博士や外国留学の時期に合わせて、ドイツ語と英会話の語学勉強の期間も入れていた。計画が具体的になるに従い勉学への意欲も高まっていった。

そして現在、ほぼその予定通りの人生になっている。


もちろん人生には、予定通りいかないことは多い。日々の仕事の忙しさで、夢を投げ出したくなることもたびたびあった。**人間はそんなに強いものではない。**

だからこそ、**夢を描いたときの感動を思い出そう。**

私は、手塚治虫の『ブラック・ジャック』に感動し憧れて移植外科医を目指した。言葉には言霊がある。感動して書いたI Canカードの言霊に毎朝目を通すことが心の支えになっていた。

私の「人生25年計画表」

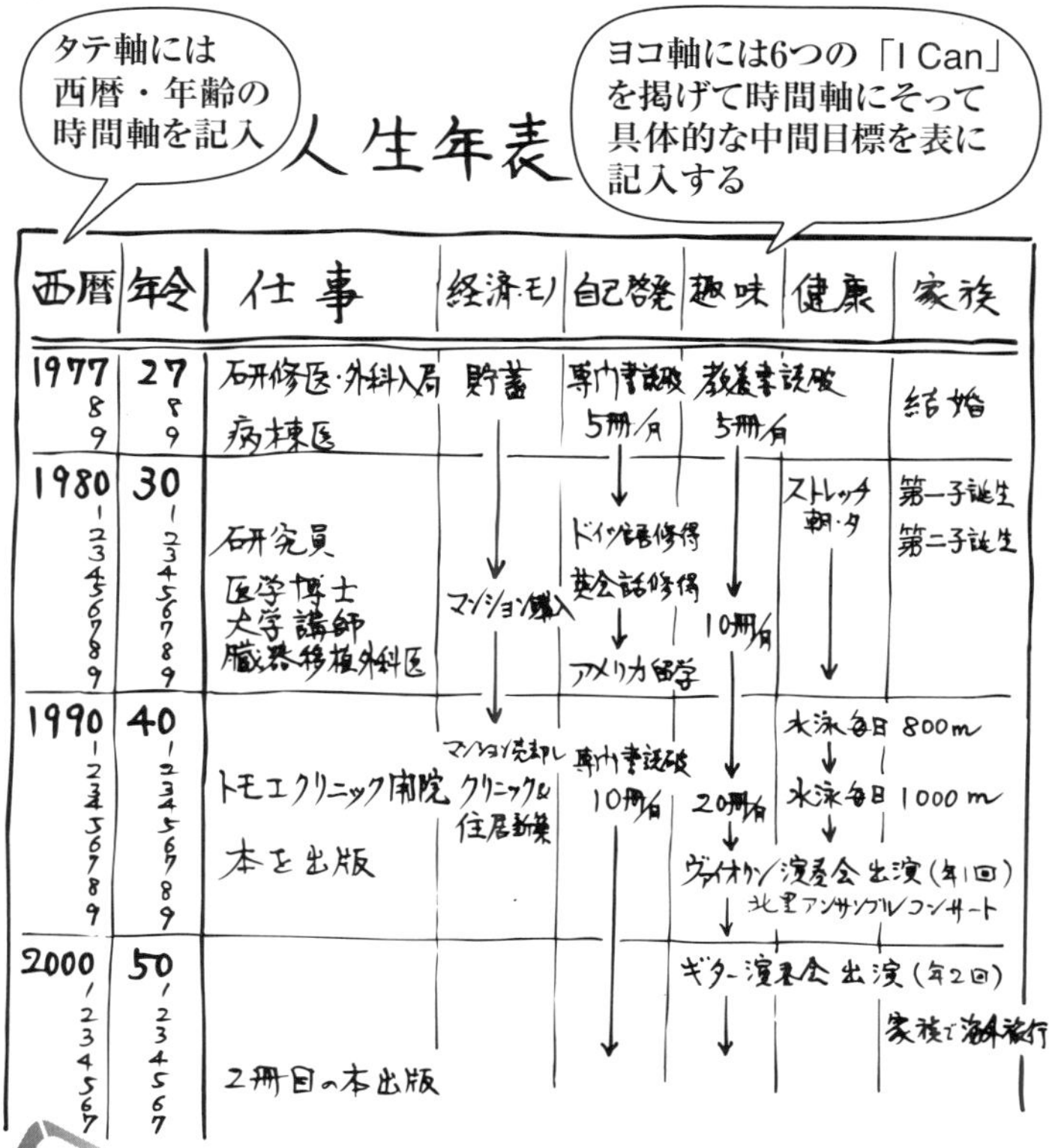

> タテ軸には西暦・年齢の時間軸を記入

> ヨコ軸には6つの「I Can」を掲げて時間軸にそって具体的な中間目標を表に記入する

西暦	年令	仕事	経済モノ	自己啓発	趣味	健康	家族
1977 8 9	27 8 9	研修医・外科入局 病棟医	貯蓄	専門書読破 5冊/月	教養書読破 5冊/月		結婚
1980 1 2 3 4 5 6 7 8 9	30 1 2 3 4 5 6 7 8 9	研究員 医学博士 大学講師 臓器移植外科医	↓ マンション購入	ドイツ語修得 英会話修得 アメリカ留学	↓ 10冊/月	ストレッチ 朝・夕 ↓	第一子誕生 第二子誕生 ↓
1990 1 2 3 4 5 6 7 8 9	40 1 2 3 4 5 6 7 8 9	トモエクリニック開院 本を出版	マンション売却し クリニック& 住居新築	専門書読破 10冊/月	20冊/月 ヴァイオリン演奏会出演(年1回) 北里アンサンブルコンサート	水泳毎日 800m 水泳毎日 1000m	
2000 1 2 3 4 5 6 7	50 1 2 3 4 5 6 7	2冊目の本出版			ギター演奏会出演(年2回)		家族で海外旅行

あなたは
あなたが考えたとおりのものになる
（スイートランド）

2

システム手帳は「カード」であり「手帳」である

❖——「システム手帳」の日本上陸が、ひとつの転機だった

情報管理から人生管理まで「I Canカード」で行なってきたが、カードも完璧ではなかった。バラバラになることが最大の長所でもあり、最大の短所でもあったのだ。梅棹氏も『知的生産の技術』の中でそのことに触れている。

『条件しだいでは、たとえば旅行のときなどはカードよりは手帳の方が便利だともっている。知的生産の技術としては手帳とカードは一長一短であろう。』(梅棹忠夫)

1984年に、ファイロファックスに代表されるシステム手帳が日本に上陸した。私は外科医になって10年目、大学講師として膨大な情報収集整理を必要としていた。

「システム手帳」の凄さは、「カード」と「手帳」の両方の長所を持っていることだった。しかも大きさが普通の手帳に比べてかなり大きく、「京大型カード」に匹敵する。この大きさは携帯可能であり、かつ充分な情報が書き込める。

ファイロファックスが日本上陸した年、私は迷わず入手した。

私のファイロファックスは30年以上使い込み、革表紙は手垢で貫禄が出ているが、今でも現役である。

❖――京大型カードの原則がすべてシステム手帳に受け継がれた

「京大型カード」の3つの原則は、「システム手帳」にすべて受け継がれた。

①「リフィル1枚に1件の情報だけを書き込む」、②「表題を付ける」、③「日付を記入しておく」――の3つである。

「京大型カード」のノウハウは、ひとつ残らず「システム手帳」に生かされた。「I Canカード」は、システム手帳の「I Canリフィル」へと変身したわけである。1冊のシステム手帳だけで、情報管理、人生管理、時間管理までシステム化できた。

❖——刑部式システム手帳で「人生管理」と「データ管理」を同時に！

１９８０年代は、用途に合わせてさまざまな形式のリフィルを使っていたので、茶筒のようにふくれあがっていた。だから、リフィルを入れ替えるためにバインダーを開いた瞬間、リフィルが手帳からあふれ出してしまって大変だった。

そこで、できるだけ手帳のスリム化を考えた。まず、リフィルをカードのようにすみやかに分類・整理し、保存版バインダーへ移す流れをつくった。つまり、常時必要としない保存リフィルは、保存版バインダーへ移動させるようにしたのである。

また、さまざまな形式のリフィルを使っていると、その形式のリフィルのストックがなくなったときは大いに困った。そこで１９９０年代には、リフィル形式は「京大型カード」のように「ヨコ罫線」の１種類だけにした。**「シンプル・イズ・ベスト」である。**

ただし、「人生年表」と「スケジュール表」だけは例外の表型リフィルである。

「刑部式システム手帳」は、「人生管理」と「データ管理」の２つのシステムで構成されている。**まず、「人生管理」システムから述べていこう。**

私のシステム手帳の基本原則

エトランジェディコスタリカのメモ帳リフィル バイブル6穴アイボリー 100枚 SBBRF-D-02がシンプルな罫線で、入手しやすい

刑部式システム手帳の基本になっているのがこのリフィルである

3 刑部式「人生管理」システムとは？

❖──「I Canリフィル」とは？

「人生管理」システムは、「I Can」「人生年表」「スケジュール表」「なんでもリスト」「項目別リフィル」の5つから成り立っている。鍵は「I Canリフィル」だ。

6つの夢──、①「I Can　仕事」、②「I Can　経済・モノ」、③「I Can　自己啓発」、④「I Can　趣味」、⑤「I Can　健康」、⑥「I Can　家族」を、それぞれの「I Can」リフィルに具体的にリストアップする。**大切なことは、この「I Can」リフィルを毎日読み返し、成し遂げている自分のイメージを描き、「私はできる I Can!」と確信すること**である。

現在の私があるのは、この「I Canリフィル」を書き続け、毎日読み返してきたからだ

「I Can リフィル」の現物

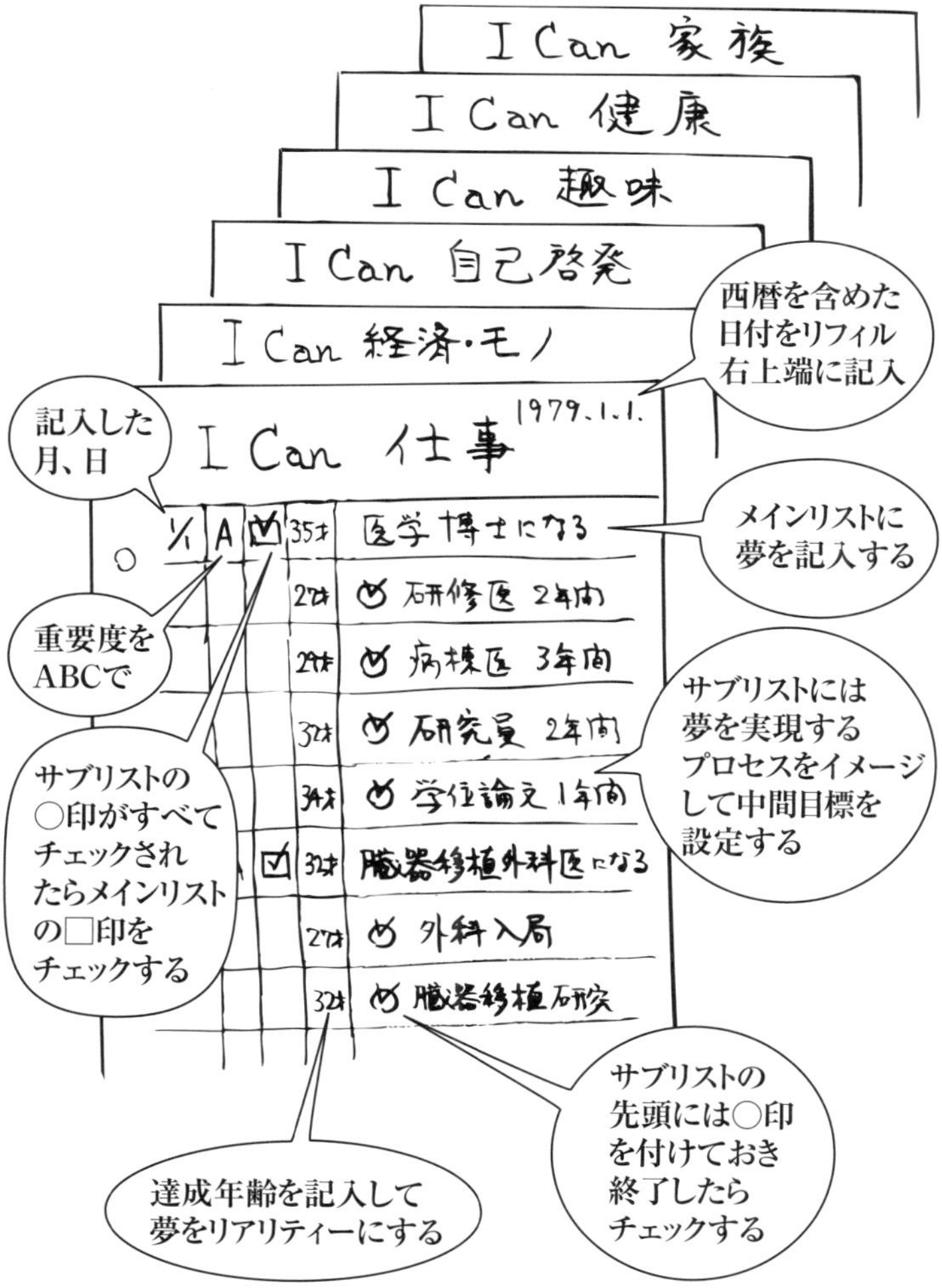

と思っている。京大型カードで始めた「I Canカード」の6つの夢は、1980年代には「I Canリフィル」に受け継がれ、ずっと人生管理の羅針盤になっている。

❖──「人生年表」リフィルとは?

「I Canリフィル」が人生という旅の目的地(目標)を示しているなら、「人生年表」が人生の地図(指標)であり「スケジュール表」である。ここで、人生の旅行日程(計画)を立てていく。

つまり「I Canリフィル」のそれぞれの目標に達成時期を設定したのが「人生年表」である。一般的な仕事スケジュールでは、期限が迫った仕事が最優先される。しかもなぜか期限ぎりぎりに合わせて、仕事が終了される。今、執筆しているこの本の原稿も期限ぎりぎりまで推敲されながら、期限には間に合わせる。

人生の目標にも期限を設けよう。具体的な期限を設けると、なぜか夢も具体化される。大学病院時代では、医学博士になると大学研究員の道が開け、臓器移植研究に専念することができた。その研究成果が、大学講師への道につながっていった。

海外留学の夢も、大学病院で「新医療技術導入機構・海外派遣制度」が企画され、米国ピッツバーグ大学病院への臓器移植外科留学のチャンスが巡ってきた。目標を立てて人生年表に書き込むと、チャンスが向こうから飛び込んできたのである。

心の準備をしていないと、チャンスに気づかない。準備をしていると、向こうからチャンスがやってくる。

チャンスとは、心から願っている人に訪れるのである。

この「人生年表」で医学博士、大学講師、海外留学、救命救急医、臓器移植外科医、クリニック開院、書籍出版、楽器演奏、海外旅行と、次々に夢をかなえてきた。今でも、毎年正月には総チェックして、絶えず新しい夢を描き続けている。

京大式カードで始めたのと同じく、まず、①仕事、②経済・モノ、③自己啓発、④趣味、⑤健康、⑥家族、の6つの夢を目標に掲げる。次に、西暦、年号、社会の主な出来事、それに自分・妻・子供の年齢を時間軸とする。

6つの「夢目標」は、時間軸にそって具体的な中間目標を表に設定していく。自分や妻の年齢、子供の学校教育時期を考慮しながら、それぞれの具体的なプランを練っていく。**書き込んだ自分の一生を展望し、さらに大きな夢を達成していこう。**

❖——**「スケジュール表」は、個人の事情に合わせて変える**

私は、年間、月間、週間、日々の予定をすべて月間カレンダー型のスケジュール・リフィルですませている。カレンダー型だと、1カ月間の大きな予定が頭の中で図解的に描けるからだ。

ただし、**スケジュールの過密さや仕事スタイルで個人差があるだろう。自分に合ったスケジュール表を選んでもらいたい。**2週間型でもいいし、1週間タイプでもかまわない。

パソコンでスケジュール管理もできる。しかし紙での手書き入力の簡便さと携帯性、スピードには及ばない。それに、デジタルでは修正したときに修正前のデータが消えてしまうが、アナログでは横線を引いて、修正前のデータも残しておける。

「一覧性」も、圧倒的にアナログのほうがすぐれていると思う。

なお家族とのスケジュール管理には、自宅の食堂の壁に貼った月間カレンダーに各自の大きな予定を転記している。家族旅行や音楽会などでの家族とのふれあいを最優先にして、システム手帳のスケジュールとリンクさせている。

❖――「なんでもリスト」をつくる！

私は毎日、新たに頭に浮かんだ「夢・Dream List」「やるべきこと・To Do List」「欲しいモノ・To Have List」「アイデア・発想」「メモ」などのあらゆる思いつきを、時間順に「なんでもリスト」にリストアップしている。

月間スケジュールは見開きがいい！

月間目標を余白に記入
7/29 すばる舎原稿・校正
8/21 北里アンサンブル・ヴァイオリン練習
2017
それぞれの日付ワクはリストの先頭に○印を付けて
終
中止
変更、延期
チェックする

1カ月見開きになっているタイプが私には最も使いやすい

突然、思いついた「発想」は、すぐメモしないと記憶から消えていく。また、急に生じた「やるべきこと」なども、どのリフィルに書けばよいか迷わずに、すべてこの「なんでもリスト」に思いついた順番で記入していくだけだ。

大切な用件を書いたメモ用紙を紛失して困ったことはないだろうか。

だが、この方法なら、あらゆるメモは時間順で管理されるので、なくなることもない。「なんでもリスト」の項目を他のリフィルに転記する必要があっても簡単だ。**「あらゆる思いつき」の入り口をこの「なんでもリスト」で確保する**ことが大切なのである。

そうすることで、「さまざまな雑事」での「やり残し」や「漏れ」もなくせる。ここでの整理の基本は「時間順」なので、シンプルそのものである。最近1年間の「なんでもリスト」の検索も、パラパラとめくれば一瞬だ。

❖——「なんでもリスト」は、どう書くか？

「なんでもリスト」の具体的な記入方法を説明しよう。まず、先頭に□マークを付けて、□マークの左側には「記入月日」と、「優先順位」の重要度A、B、Cランク印を付ける。Aは最も重要な事、Bは重要な事、Cはあまり重要でない事柄だ。

しかし、**緊急度の印はあえて付けない。その代わり、□マークの右側には予定日や締め切り日を記入する。**ほとんどの仕事は無意識のうちに締め切り日に間に合わせて進行しているからだ。締め切り日の設定が、緊急度の役目を果たすことになる。

通常のメモは「なんでもリスト」に書く

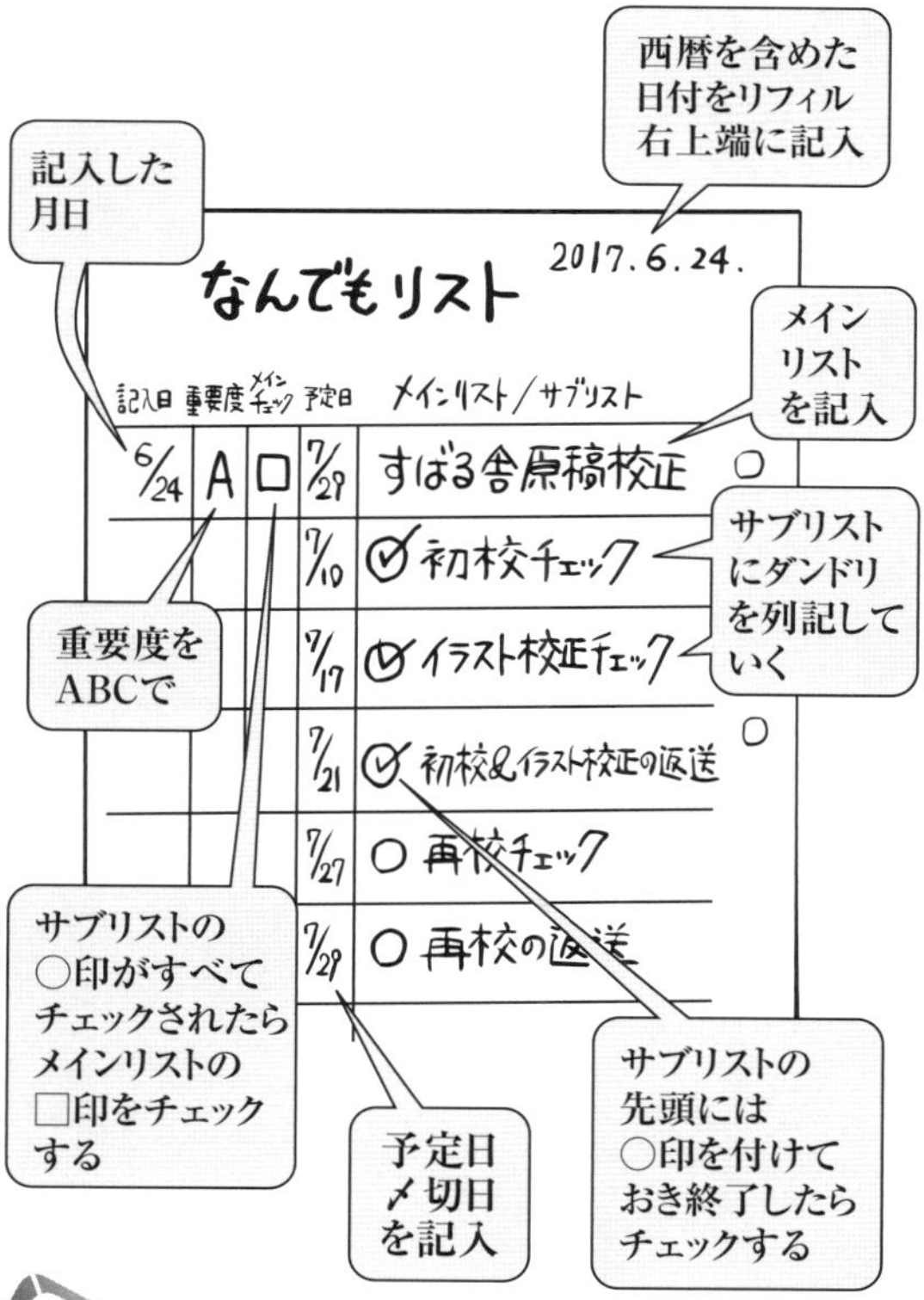

シンプルなヨコ罫線のみの「普通罫」の共通リフィルを使用。タテ罫線は必要に応じて手書きする

私の経験では、締め切り日のない□マークは、いつまでもチェックされないままに放置されている。締め切り日がない「夢」などは、あえて締め切り日を設定しよう。「夢」にも締め切り日を付けることで、現実味を帯びてくる。

「やるべきこと」などを記入した下段には、サブである◯マークを付けて、「解決方法」をその場で考えて記入しておこう。連絡先や訪問先、必要なモノなど、必要なダンドリを箇条書きに列記して、先頭に◯マークを付けておく。

◯マークがすべてチェックされると、自動的にメインの□マークが終了チェックされる。

□マークの先頭には、月日しか記入していないので、リフィルの右上には、西暦を含めた年月日を記入しておく。バラバラになったリフィルをいつでも時間順に整理できるように、リフィル右上端の年月日記入は、すべてのリフィルの大原則である。

❖——「項目別リフィル」を、どう作成するか

「プロジェクト管理」「顧客管理」「人脈管理」「業者別」「仕事別」「会議記録」「雑項目」などは、この「項目別リフィル」で管理していく。プロジェクト、顧客、知人、業者、仕事、

会議などでは、それぞれ1件1枚のリフィルを作成してファイルする。

リフィルの3原則である、①「リフィル1枚に1件の情報だけを書き込む」、②「表題を付ける」、③「日付を記入しておく」だけを守り、書式は自由でよい。3原則さえしっかりしておけば、リフィルは後でカードのように並べ替えられるので、記入するときは固定式ノートのようにただ時間順に記入していけばいい。

そうして、**必要に応じて「業者別」「仕事別」などの項目へ振り分ける。しかし、それぞれの項目内では細かく分類しないで時間順で追加する。**項目別の中を時間順にするだけで、分類不能リフィルや迷子リフィルの問題が解消される。しかも、「いつ頃書いたか?」だけの記憶で、すぐに目的のリフィルを探すことが可能だ。

面倒な方法だと人は怠慢な方向に流されるので、気がつくと分類は「ぐちゃぐちゃ」になっている。単純に時間順で並べるシンプルな方法が、長続きの秘訣である。

4 刑部式「データ管理」システムとは?

❖──さまざまな情報やデータは、どう管理するか?

次に「データ管理」システムである。これは、「データ・リフィル」だけから構成されている。非常にシンプルなものだ。

新聞、週刊誌、広告、新書、文庫本、単行本、映画、TV、CD、DVD、インターネットなど、あらゆるメディアから得た情報。また、美術館、コンサート、講演などで知り得たこと。友人や先輩との会話から得た知識など。

それこそありとあらゆるデータを、シンプルな「ヨコ罫線」リフィルに自由に書いていく。

ただし、3大原則だけは守る。①**「リフィル1枚に1件の情報だけを書き込む」**、②**「表題を付ける」**、③**「日付を記入しておく」**──の3つである。

リフィルの中で、急激に増殖していくリフィルはこの「データ・リフィル」である。油断すると、あっという間に何をどこに書いたかわからなくなる。

最初は、この「データ・リフィル」の分類・整理に悩まされた。システム手帳の中のインデックスが、いくつあっても間に合わなかった。そこで、**システム手帳の中の「データ・リフィル」は、記入した時間順に並べるだけの方法をとった**のである。

この、時系列整理はさまざまな利点がある。

①時間順に並べるので、手帳の中ではまったく分類に悩む必要がない。検索は、パラパラとめくるだけでできる。

②最新のデータはいつも手帳の中にあるので、最近のデータを何度も読み返すときに便利である。

③手帳がふくれあがっても、時間順なので古いデータを取り外すのが簡単。手帳のスリム化が容易にできる。

さて、システム手帳からはみ出した「データ・リフィル」は、保存版バインダーに綴じていくことになる。バインダーの表題は、その人の関心事でさまざまだろう。

私の場合では、「医学」「科学」「美術」「音楽」「哲学」「歴史」「経済」「設備」などがある。

❖──保存するときは分野別に分けて、分野の中は時系列に！

それぞれのバインダーの中も、時間順で並べていく。

各分野に分類すれば、バインダーのリフィルの厚さも少なくなるので、それ以上細かい分類は必要ない。その分野のバインダーを取り出して、いつ頃に書いたデータかおおよその見当をつけて、パラパラとめくるだけですぐに見つかる。

つまり**大きく分類した後は、時間順に並べるだけでよいのである。この方法は、Wーファイルの保存方法と同じ**である。

実はこのアイデアは、医療カルテからヒントを得た。医療カルテは、患者さんひとりに1冊つくった後は、時間順にカルテ用紙を追加していくだけだ。トモエクリニックを開設してすでに20年以上になり、開設当時から通院している患者さんのカルテは、1冊が単行本なみの厚さになっている。

患者さんが、頭痛、胸痛、腹痛などを訴えたとき、パラパラとめくれば数秒で以前にどん

データ管理リフィルの整理方法とは?

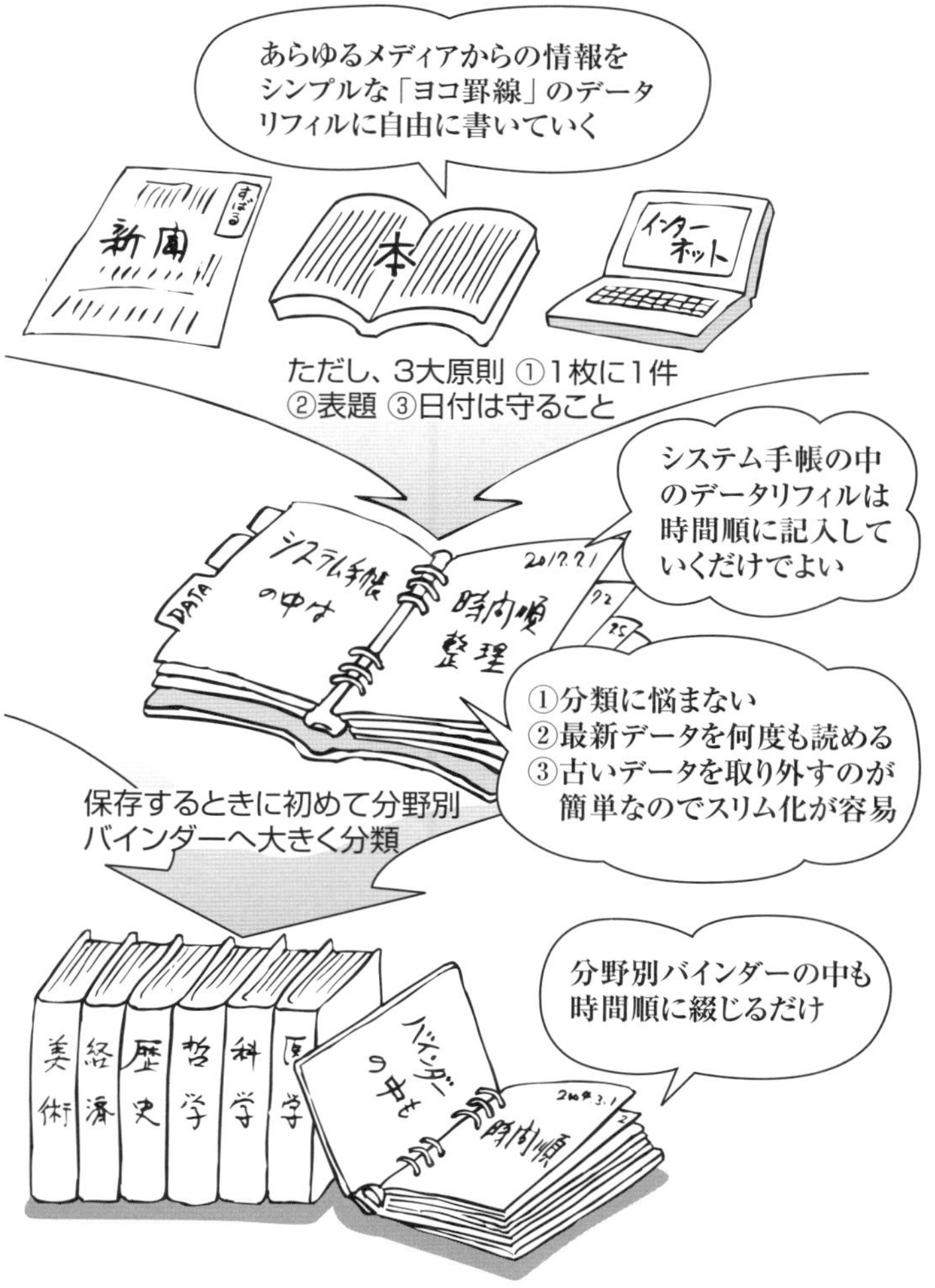

な診断をしてどんな治療を行なったか検索できる。10年間の膨大なデータでも、重要な症状に赤ボールペンで下線を引き、簡単な人体図をさっと描いて症状部位をマークしておくなどの工夫をしてあるだけで、検索は数秒ですむ。

さまざまな電子カルテの新製品を試してみたが、この紙の一覧性と検索スピードを超えるものはまだない。しかし、最近の保険診療では電子レセプトでの提出が義務化されたので、私も電子カルテを導入することになった。

電子カルテの問題点は医者がモニターばかり見て入力していることだ。私は患者さんと向き合うことを大切にし、入力は退出後にしている。しかし過去の病態を調べるときのキーワード検索は使いものにならず、画面のスクロールは紙資料の一覧性には及ばない。過去の紙カルテもスキャンして電子化しようと考えていたが、やめた。

医療カルテのこの考え方を応用して、システム手帳の「データ・リフィル」は、おおざっぱに各分野のバインダーに振り分けた後は時間順に綴じるだけでよい。インデックスでの細かい分類整理から解放される。

データ整理が長続きするコツは、シンプルで簡単であることだ。自然さがポイントになる。Wーファイリングシステムも、この発想が原点になっているのである。

刑部式システム手帳の流れ（まとめ）

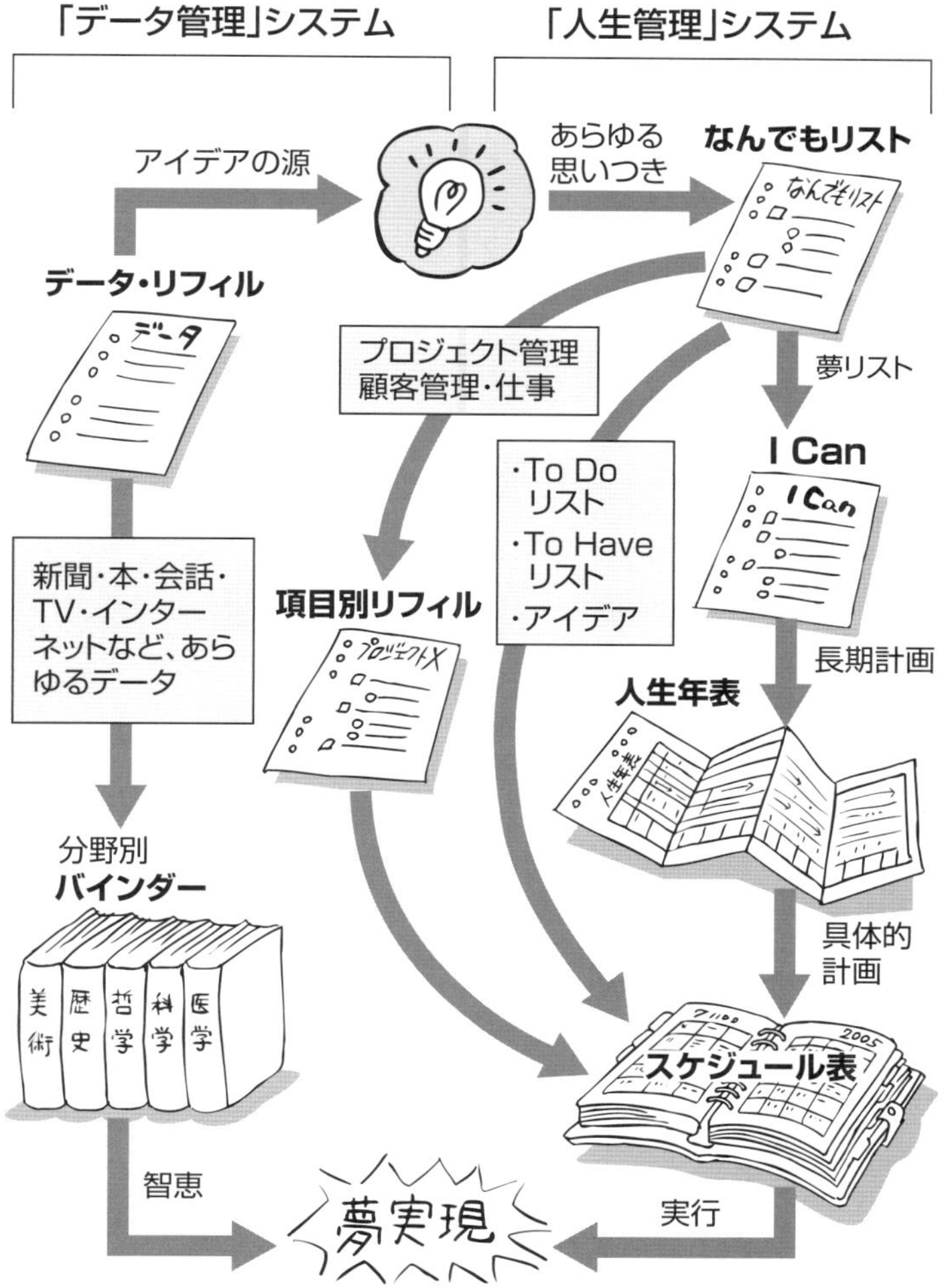

患者と読者に寄り添って…………あとがきに代えて

臓器移植外科医の激務を乗り越えて

私は、富山県で地域医療に従事する開業医である。若いとき手塚治虫の『ブラック・ジャック』を読んで感動しアメリカまで留学し、本物の移植外科医になってしまった。大学病院時代の救命救急医療、臓器移植外科での経験を生かし、理想的な総合診療ができるクリニックを目指して富山に「トモエクリニック（内科・小児科）」を開業して、すでに20年以上が経った。

臓器移植などの「外科」は、手術までが仕事である。終われば、あとは担当の「科」で治療される。しかしこれでは、患者さんが治っていく様子と寄り添えない。

私が内科クリニックを選んだのも、ひとつはそれが理由だ。

私は幼少時に腎臓を患い、生死の境をさまよった。医者だった父は外国文献を読みあさり、当時日本ではまだ使われていなかったステロイドを我が子に試すことにした。**父の苦渋の決断で私の病気は劇的に改善し、生命を得ることができた。**

その人に起こることはすべて必然だという。私自身が医学の道に進み、1970年代日本の腎臓移植黎明期に臓器移植外科医として腎臓移植手術に携わっていたのも、私自身が腎臓病で苦しんだ体験があったからだと思う。

大学病院勤務医時代は激務の連続だった。そのため歯槽膿漏が悪化し、歯科医に総入れ歯を覚悟するように言われた。クリニック開業時にもさまざまな苦労が襲い、気がつくと私の黒い髪の毛に白髪が混ざり始めた。まだ40代だった。

PART6で書いたように、私は若い頃から人生の計画を立てて生きてきた。だが**何もかも計画通りにはいかない。仕事でもプライベートでも、〝想定外〟のことは起こる。**

それは誰しも同じだろう。想定外のことに焦る気持ちはわかるが、ここで必要以上にうろたえてはいけないと思う。

総入れ歯覚悟宣告をきっかけに**私は、毎日の生活習慣を徹底的に見直した。**まず食生活の改善と運動の継続だ。健康に良い「色の濃い食品」を摂るようにした。学生時代は水泳部だったので、診察の昼休みに毎日1000mのスイミングを習慣とした。

その結果、やがて白髪が消えて黒髪に戻った。もちろん、歯は今でも入れ歯ではない。生活習慣を見直すことで、60代半ばになった今でも40代の健康体を保っている。

■患者さんとの信頼関係こそ、何よりも大切だ

ただし気をつけなければならないのは自信過剰と頑張りすぎだ。健康に良い食事、運動を取り入れていても、日々の仕事のやり過ぎとストレスで、数年前に突然、私の右目は網膜剥離に襲われた。

失明の一歩手前でのレーザー治療だった。

その年の春から電子カルテを導入したので昼間は電子カルテの画面を見続け、夜はパソコン画面に向かって著作活動を続けて目を酷使していた。さらに急患センターの夜間当番医勤

務で疲労が重なった日に網膜剥離を発症した。

最近、知り合いの医者が癌を発症し、数カ月後には天国へ旅立った。死去する数カ月前まで急患センターの夜間当番医で働いていた彼の姿がまぶたに浮かぶ。

頑張ることは良いことだが、頑張り過ぎはいけない。思わぬ大病が待ち構えている。健康に自信があった私もその罠に落ちた。疲れないうちに休んで心身のストレスをためないことが最も大切だ。

患者さんの「患」の字は、「口」に串が刺さって心が閉ざされている状態である。医者は、その串を抜いてあげることが仕事だ。患者さんの閉ざした心の串を抜いてあげられように、心に寄り添った手当を私は心がけている。

そのため、**初診や重症化した患者さんには診察に1時間程かける**ことがしばしばある。その際、できるだけ専門用語は使わずに分かりやすい言葉で説明する。その人の食事、嗜好品、運動など生活習慣を充分に聞いて的確な診察と検査をし、今起きている病態をくわしく分かりやすくお話ししてから必要なお薬を処方している。

高血圧症ひとつを取り上げても、原因は遺伝的素因、食塩過食性、肥満性、神経性、心臓性、動脈硬化性、腎性、褐色細胞腫など多彩である。これら、すべてに対応できるように血圧の薬だけでも、私のクリニックでは20品目以上の降圧剤を用意している。もちろん、それ以外の病気に対してもさまざまな薬剤を駆使する。

それが、プロの仕事だと思っている。

基本は、「患者さんの身になって説明し手当する」ことである。

長期間内服する血圧の薬などは、なぜ、その薬が必要なのか患者さん自身が充分理解していないと、途中で内服を止めてしまい、心筋梗塞や脳梗塞などの重篤な病気に進展してしまう。患者さんとの信頼関係があってはじめて病気を克服できるのだから。

■「ファイリングはむずかしい」と悩んでいる人のために

本書でも、単なるファイリングシステムテクニックを述べたつもりはない。

どうして机の上が「ぐちゃぐちゃ」になってしまうのか。どうして必要なものがすぐに出てこないのか……悩んでいる人の身になって、懇切丁寧に説明した。

「患者さんの身になる」というクリニックの理念と、この本の理念はまったく同じだ。WIファイルが、あなたの不得手な整理を治してくれる特効薬になると信じている。

「WIシステムのメリットはわかったが、私は何でも続かないし……」

この本を読んで、そんなふうに思った方もいるかもしれない。

しかし最初から何もかも完璧にしようと思うと、ストレスもたまる。気楽に考えて、できるところから……というのでもいいのである。

本書でも何度か触れたが、ファイルシステムは、ある程度アバウトなほうが長続きする。**だからこのWIファイルシステムは、緻密なようでかなりアバウトだ。**

必ず続くはずである。

人生は、出会いと別れの連続である。この本が読者の皆さんとの大切な出会いとなり、仕事や生活に役立つことを祈っている。

最後までお読み下さりありがとうございました。感謝。

著者しるす

〈参考文献（出版年順）〉

『知的生産の技術』梅棹忠夫　岩波新書
『自己を生かす 私はできる』B・スイートランド　創元社
『ライフワークの育て方』井上富雄　祥伝社
『20年計画の実践』井上富雄　青春出版社
『スーパー書斎の仕事術』山根一眞　アスペクトブックス
『スーパー手帳の仕事術』山根一眞　ダイヤモンド社
『「超」整理法』野口悠紀雄　中公新書
『ファイリングがわかる事典』野口靖夫　日本実業出版社
『奇跡のファイリング術』刑部恒男　かんき出版
『人生を変える80対20の法則』リチャード・コッチ　TBSブリタニカ
『「知」の便利フォーム術』垣添始　すばる舎
『魔法のように片づく！見つかる！ファイルの技術』刑部恒男　すばる舎
『もうイライラしない 人生を変える情報整理術』刑部恒男　毎日新聞社

【著者紹介】**刑部恒男**（おさかべ・つねお）

◎——1950年生まれ。北里大学医学部卒。相模台病院外科医長、江東区あそか病院外科医長を勤めたのち、臓器移植研究を目的に米国ピッツバーグ大学病院に留学、臓器移植外科を専門とし北里大学医学部外科講師を勤めた。約20年前に富山県高岡市にて、総合的な地域医療を目指し「トモエクリニック」（内科・小児科）を開設。現在院長。医学博士。

◎——学生時代から資料収集・整理に努め、さまざまな整理法をためした。とくに大学講師時代はいくつかの仕事を並行させていたため、ファイリングに対して積極的に取り組んだ。その結果、山根式と野口式の長所だけを取り入れた「ダブルインデックス ファイリングシステム」を開発。「刑部式WIファイル」での資料の分類・整理・検索は驚くべき効果があり、愛用者も多い。

◎——著書には、「Studies on immunosuppression with low-dose cyclosporine combined with mizoribine in experimental and clinical cadaveric renal allotransplantation. Transplant Proc,1989.」「腎移植における多剤併用免疫療法の比較検討・移植,1991.」などの医学専門書のほか、『奇跡のファイリング術』（かんき出版、1997年）などの仕事術関係の入門書がある。

［連絡先］トモエクリニック（刑部恒男）
E-MAIL/ tsuneo.osakabe@gmail.com
FAX / 0766-64-3258

片づく！ 見つかる！ スピーディー！
［完全版］超ファイルの技術

2017年 8月 15日　　第1刷発行

著　者———刑部恒男
発行者———徳留慶太郎
発行所———株式会社すばる舎
〒170-0013 東京都豊島区東池袋3-9-7東池袋織本ビル
TEL　03-3981-8651（代表）
　　　03-3981-0767（営業部直通）
FAX　03-3981-8638
URL　http://www.subarusya.jp/
振替　00140-7-116563

印　刷———ベクトル印刷株式会社

ISBN978-4-7991-0634-1

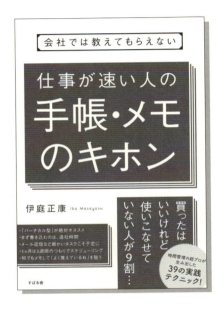